Experiencing the Depths of Jesus Christ

Jeanne Guyon

예수 그리스도를
깊이 체험하기

잔느 귀용

EXPERIENCING THE DEPTHS OF JESUS CHRIST
by Jeanne Guyon

Copyright ⓒ 1975 Gene Edwards.
Originally published in English under the title
Experiencing the Depths of Jesus Christ.
Published by SeedSowers Publishing House, PO Box 3317,
Jacksonville, Florida 32206 USA.
All rights reserved.

Korean Edition published by Word of Life Press, Seoul, 1995, 2009, 2019, 2021.
Translated and published by permission.
Printed in Korea.

예수 그리스도를 깊이 체험하기

ⓒ 생명의말씀사 1995, 2009, 2019, 2021

1995년 7월 25일 1판 1쇄 발행
2008년 10월 30일   30쇄 발행
2009년 1월 25일 2판 1쇄 발행
2018년 6월 5일   12쇄 발행
2019년 8월 12일 3판 1쇄 발행
2021년 3월 5일 4판 1쇄 발행
2025년 7월 16일   3쇄 발행

펴낸이 | 김창영
펴낸곳 | 생명의말씀사

등록 | 1962. 1. 10. No.300-1962-1
주소 | 서울시 종로구 경희궁1길 6 (03176)
전화 | 02)738-6555(본사) · 02)3159-7979(영업)
팩스 | 02)739-3824(본사) · 080-022-8585(영업)

기획편집 | 태현주, 이은정
디자인 | 박소정, 조현진
인쇄 | 영진문원
제본 | 보경문화사

ISBN 978-89-04-16746-3 (03230)

저작권자의 허락없이 이 책의 일부 또는 전체를
무단 복제, 전재, 발췌하면 저작권법에 의해 처벌을 받습니다.

Experiencing the Depths of Jesus Christ

예수 그리스도를
깊이 체험하기

Experiencing the Depths of Jesus Christ

오, 예수 그리스도께 속한다는 것은 말로 표현할 수 없는 기쁨입니다.
그것은 이 세상 삶과 분리될 수 없는 모든 고통과 슬픔을 녹여 주는 참된 향유입니다.
예수 그리스도와의 그 깊고 내밀한 관계는
마음을 주님께로 돌이키고 주님께 굴복시킴으로 이루어집니다.
내면 깊숙한 곳으로부터 주님께 사랑을 표현함으로 완성됩니다.
자아를 포기하고 주님께로 나아갈 때 하나님의 완전한 소유하심의 아늑한 품 안에,
그 감미로운 임재하심 안에 머무를 수 있습니다.

잔느 귀용

Jeanne-Marie Bouvier de la Motte Guyon, 1648-1717

장미향보다 높은 영성의 향기에 젖은 여인

잔느 귀용

하나님은 각 시대마다 영적인 논점을 일으키시며, 그것을 통해 초대 교회의 긴중한 체험들을 회복시켜 오셨다.

지금으로부터 300여 년 전 갸날픈 여인의 몸으로 그러한 영적 혁명의 소용돌이에서 선도자의 깃발을 잡은 인물이 있다. 중세적인 몽매함으로 잠들어 있던 교회에 신선한 바람이 불게 하고, 그로 인해 평생을 오해와 비난과 부당한 대우에 시달렸던 그녀의 이름은 잔느마리 부비에 드 라 모트 귀용, 일명 잔느 귀용 부인이다.

가슴에 꿰매어 붙인 예수님의 이름

잔느 귀용은 1648년 프랑스 파리 남쪽에 소재한 몽타르지의 부유한 귀족 가문에서 태어났다. 신실한 그리스도인이었던 아버지, 클로드 부비에 드 라 모트(Claude Bouvier de la Motte)는 7개월 조산아로 태어나 병약했던 딸을 지극히 사랑했지만, 사교계나 허영에 찬 자선 사업에 관심이 더 많았던 어머니는 잔느가 성장하는 내내 냉대로 일관하였다.

프랑수아 드 살

샹탈 부인

잔느는 유난히 감수성이 풍부했고 어린 시절부터 금욕주의적이고 자학적인 신비주의에 열중하였는데, 그런 기질은 일찍이 시작된 수도원 생활에서 더욱 깊어졌다.

프랑스 동부 안시에 방문수녀회를 창립한 프랑수아 드 살(François de Sales)과 샹탈 부인(Jeanne-Françoise Frémiot, Baronne de Chantal)의 저작에 심취하면서 그들의 영적인 체험을 사모하고 그들이 행하였던 고행을 그대로 실천에 옮기기도 했다. 그녀의 그러한 취향은 상당히 극단적이어서 달궈진 인두로 예수님의 이름을 가슴에 새긴 샹탈 부인의 일화를 읽고 자신도 예수님의 이름을 종이에 쓴 뒤 바늘로 피부에 꿰매어 붙이고 지낸 적도 있었다.

질려와 형극의 들판

이러한 소녀적 환상이 섞인 신비주의에 대한 동경으로 그녀는 수녀가 되고 싶어 했지만, 부모의 강제로 16세의 나이에 22세나 연상인 귀족 자크 귀용(Jacques Guyon, Seigneur de Chesnay)과 결혼하게 되었다.

자크 귀용의 영지가 있던 세스나이의 풍경

결혼 2, 3일 전에야 대면할 수 있었던 귀용과의 결혼 생활은 한마디로 잔느에게 재앙으로 다가왔다. 경건하고 점잖은 풍모를 갖추고 있던 친정과 달리 시집은 세속적인 욕구와 명령으로 가득 찬 곳이었고, 어린 잔느는 병약한 남편의 병수발을 감당해야 했고 괴팍한 시어머니의 학대와 모욕에 시달리며 불행한 삶을 보내야 했다.

그녀의 유일한 위안은 하나님과의 끊임없는 교제를 이어나가는 데 있었다. 고달픈 심신으로 병까지 앓다가 간신히 회복된 그녀는 뼈저린 외로움 속에서 고통을 참아 내는 인내심을 얻는 것 외에 세상의 모든 것이 얼마나 허무한지를, 또한 의지할 분은 하나님 한 분뿐이시라는 것을 깨달았고 자신에게 닥친 고통들을 이전보다 달갑게 받아들이게 되었다.

그러다가 우연히 만난 한 프란체스코수도회 수사로부터 "마음속에서 하나님을 찾으라."라는 조언을 받고 극적으로 삶의 방향을 바꿀 수 있었다.

그녀는 그때부터 '단순하게 기도하기'를 시작했고 고통을 포함하여 자신을 완전히 하나님께 맡기는 자세를 갖춤으로써 주님의 임재하심 가운데 거하는 법을 배워 나갔다.

측량할 수 없는 지혜의 비밀을 사모함

잔느는 28세가 되던 해 남편과 사별하였고, 다음날로 다시는 세속의 남편을 갖지 않을 것이며 평생을 하나님께 헌신하겠다고 서원하였다.

1680년경 그녀는 바나바회 수도사 라콩브(François Lacombe)와 서신 왕래를 하면서 신앙이 한 단계 더 성숙하게 되었고 그의 영향 아래 개신교 도시인 제네바로의 강력한 부르심을 의식하기 시작했다. 결국 이듬해 그녀는 제네바로 떠나 토농에 있는 한 수녀원

제네바 호수 인근에 자리잡은 토농의 풍경

에 정착했는데, 그녀의 저자로서의 생애가 시작된 곳이 바로 그곳이었다고 할 수 있다.

세상에 대하여 초연하기만 한 잔느의 태도와 언사는 그녀가 제네바에 오기 전부터 비방과 조롱을 불러일으키곤 했는데, 이는 그녀가 책을 내고 점점 명성이 높아지면서 더해 갔다. 그녀의 독특한 신앙관과 참신한 저작들은 주목의 대상이 되는 동시에 시대를 앞서간 그녀를 위험한 인물, 혹은 악마와 손잡은 마녀라고까지 지탄받게 했다.

1688년 그녀는 신비주의 지지자인데다가 금지되어 있는 회합을 열었다는 혐의로 고발되었고, 왕의 명령에 의해 체포되어 방문 수녀회 수녀원에 감금되었다.

가시나무 십자가 그늘 밑에서

루이 14세(Louis XIV)의 두 번째 부인인 맹트농 후작 부인(Françoise d'Aubigné, Marquise de Maintenon) 등 친분이 있던 유력한 귀족들의 도움으로 석방된 이후, 파리에 머무르는 몇 년간 잔느는 당대의

맹트농 후작 부인

영성가인 페늘롱 대주교(François Fénelon)와 접촉하면서 피차간에 영향을 주고받았다. 그 외에도 권위 있는 여러 신학자들이 잔느의 사상과 글에 깊은 관심을 보였고 고찰하였다.

사실 이는 새로운 시련의 시작이기도 했다. 관심과 함께 뿌리 깊은 곡해 역시 그녀를 따라다녔기 때문이다. 이러한 불신과 멸시는 깊어져만 가 1695년 12월 28일 그녀는 다시 가톨릭 당국과 국왕 루이 14세에 의해 이단이라고 정죄당하고 체포되었으며 악명 높은 바스티유 감옥에 투옥되었다.

페늘롱 대주교

1702년 긴 수감 생활을 마치고 석방된 후에도 잔느는 프랑스 중부의 블루아 근방에서 아들과 함께 길고 긴 유배 생활을 해야 했다.

루이 14세

말로 다 못할 수치와 모욕, 사무치는 억울함에 대해 함구하고 갖가지 고난들을 기꺼이 받아들인 잔느는 이후로도 하나님을 향한 순전한 사랑을 지켜 나가며 글쓰기를 게을리 하지 않았고 유럽 전 지역의 그리스도인들과 서신 왕래를 하면서 조언과 격려와 영적 지도를 계속해 나갔다.

그리고 1717년 6월 9일 그녀는 인생의 질곡을 주님께 내어 맡기고 두 눈을 감았다. 일평생 그녀가 그리던 참된 안식이 비로소 그녀에게 오는 순간이었다.

장미향보다 높은 영성의 향기

잔느 귀용의 영향력은 그녀의 죽음 이후 프랑스와 그 주변 국가들에서 더 강력하게 발휘되었다. 그녀의 사상에 매료된 사람들은 '내면의 그리스도께 집중하기, 전적인 자기 포기, 자신의 의지를 배제시킨 복종의 행위로서의 기도, 정신력이나 말이나 의지 없이 하나님 안에 안식하는 완전한 기도를 사모함'을 진리로 받아들였다. 이러한 내면적인 신앙은 프로테스탄트들에게 받아들여져 세기마다 위대한 영적 지도자를 내시는 하나님의 섭리에 따라 새로운 회복의 단계로 제시된 것으로 추종되고 있다.

잔느 귀용이 수감되었던 바스티유 감옥

잔느 귀용의 삶은 오로지 자신을 비우고 주님만을 의지하여 가는 여정이었다. 그녀는 자신의 눈부신 지성을 오물로 여겼고 곤핍함과 외양의 누추함을 부끄러워하지 않았으며 어린 소녀와도 같은 단순함이 어리석음으로 치

잔느 귀용이 유배 생활을 했던 블루아의 풍경

부되는 것을 염두에 두지 않았다. 평생을 하나님의 손에만 붙들려 움직이는 어린아이의 영혼을 갖기를 갈망했기에 세상의 멸시에도 거룩한 단순함을 사모하며 살아갈 수 있었다.

 잔느 귀용은 진정 자신에게 닥쳐온 십자가를 주님의 은혜로 기껍게 짊어지고, 시대를 회복시키시려는 하나님의 계획에 모자람 없이 쓰임받은 신앙의 대가였다.

저자 소개   잔느 귀용, 장미향보다 높은 영성의 향기에 젖은 여인   6
들어가는 글   오! 거룩하신 예수여, 우리의 마음에 기록하소서   18

Part 1. 깊은 체험의 성문을 열고

1 얕은 곳에서 깊은 곳으로   28
예수 그리스도와의 깊고 내적인 관계 | 글을 읽거나 쓰지 못하는 이들을 향하신 부르심 | 주님께 나아오는 비결 | 단순한 기도, 마음에서 시작되는 기도

2 예수 그리스도를 깊이 체험하는 첫걸음   35
성경으로 기도하기 | 주님 바라보기 | 생각이 흐트러질 때 | 보다 깊은 묵상

3 글을 읽지 못하는 사람도 경험할 수 있는 축복   44
내면의 눈으로 주님께 나아가기 | 주기도문으로 주님께 나아가기 | 목자이신 주님께 나아가기 | 의사이신 주님께 나아가기

4 한층 더 깊은 믿음과 고요함의 체험   52
쏟은 향기름 같은 주님의 이름 | 한층 더 깊은 체험의 단계 | 주님께 나아가는 이유

5 영적으로 메마른 시기   59
때때로 자신을 숨기시는 하나님 | 참고 인내하는 사랑의 마음 | 전 생애 동안 기다릴지라도

Part 2. 하나님의 깊이로 이끌려 가는 여정

6 자기 포기   66
자기의 전 존재의 포기 | 내적 성전의 문을 여는 열쇠 | 자기 포기의 의미 | 하나님이 원하시는 것을 소원하기까지

7 자기 포기와 고난   74
갈보리 언덕에서도 변하지 않는 마음 | 십자가를 내가 지고

8 자기 포기와 계시   78
실체로 임하는 계시 | 예수님의 흔적 | 흑암이든 광명이든 | 이해할 수 없는 계시

9 자기 포기와 거룩한 삶   84
경건의 의미 | 경건에 이르는 길

10 내면에 거하는 삶   88
욕망에서 승리하는 법 | 내적 명상 | 하나님께 고정된 시선

11 깊은 중심을 향해 나아가는 삶   94
깊은 중심을 향해 나아가려는 경향 | 하나님의 인력(引力) | 영혼의 걸림돌 | 영혼의 수동적인 상태

12 내면에서 시작되는 지속적인 기도   102
말로 표현할 수 없는 축복의 시작 | 자기 노력의 중단 | 살아 있는 침묵 | 감미로운 안식 | 내적 왕국에서 시작되는 기도 | 단순한 소로(小路)를 따라

13   하나님의 임재하심 안에서 누리는 풍요로움   112

하나님의 임재하심 안에 거하는 삶 | 하나님과의 내적인 대화 | 깊은 체험의 고요한 안식

14   침묵 가운데 들리는 주님의 음성   116

고요한 침묵의 아름다움 | 침묵의 습관 | 존재의 중심

15   더 깊고 지고한 회개   120

우리의 죄를 조명해 주시는 주님 | 주님께로 돌이키는 체험 | 더 깊고 지고한 회개 | 하나님이 주도하시는 죄의 고백 | 기다림의 미덕

16   기도로 이끄는 성경 말씀   128

17   하나님의 기도   131

Part 3. 하나님과 하나 됨의 아름다움

18   생각을 산란하게 하는 것들   136

19   내가 흔들리지 아니하리로다   138

20   자아를 포기하고 내어 드림   141

철저한 자아 포기 | 기도, 나도 기름의 향기 | 영혼이 하나님께 돌아가는 통로 | 전부(全部)와 전무(全無) | 세상에서 제일 값진 진주

21 성령님께 공명하는 침묵 기도   150

잠잠한 가운데 살아 있는 영혼 ｜ 성령님의 움직이심에 대한 공명(共鳴) ｜ 하나님의 강력한 이끄심 ｜ 영혼이 할 수 있는 최고의 활동 ｜ 영혼의 평온을 견지하며 ｜ 전적 의존의 원칙 ｜ 주님 안에 있는 생명 ｜ 마리아의 선택 ｜ 하나님과의 연합 ｜ 깊은 곳에서 일어나는 성령님의 역사하심 ｜ 자기 부인의 안온함

22 하나님의 임재하심 안에 머무름   172

외적인 영적 체험, 내적인 영적 체험 ｜ 마음의 움직임에 대한 집중 ｜ 하나님께 돌아서는 습관 ｜ 지속적인 내적 머무름 ｜ 안식 안에서 능동적인 영혼 ｜ 내면세계로의 항해 ｜ 끊임없는 전진 ｜ 순풍에 돛을 달고

23 예수 그리스도의 생명을 전하는 사역자들이여   186

마음으로 나아가 ｜ 내적 지식으로의 초대 ｜ 죄로부터의 자유 ｜ 교리적 오류에 대한 염려 ｜ 순박하고 교육받지 못한 사람들에 대한 염려 ｜ 근본적으로 변화되지 못하는 이유 ｜ 하나님의 영의 기도 ｜ 단순하고 가식 없는 사랑

24 가장 놀랍고 소중한 거룩한 연합   198

거룩한 연합 ｜ 자아와의 결별 ｜ 전능하신 하나님의 활동 ｜ 하나님의 고요함에 참여함 ｜ 세상적인 것을 모두 불사르는 정화의 불꽃 ｜ 순금과 합금 ｜ 능력과 권능으로 임하시는 하나님 ｜ 영혼의 능동성과 수동성 ｜ 거룩한 연합의 노정 ｜ 가장 놀랍고 가장 소중하며 다함이 없는 풍요로움 ｜ 거룩한 연합에 대한 염려 ｜ 갈구하는 영혼을 위해 할 수 있는 일

옥중 서신   하나님 외의 모든 것은 아무것도 아니게 하소서   220
편저자의 글   우리의 영적 깊이를 회복시켜 주소서   226

들어가는 글

오! 거룩하신 예수여, 우리의 마음에 기록하소서

하나님을 사랑하기 원하는 사람들을 위하여

이 책은 아주 단순하게 시작되었습니다. 출판하려고 쓴 것도 아닙니다. 이 글은 마음을 다하여 하나님을 사랑하기 원하는 소수의 사람들을 위해 쓴 것이었습니다. 그러나 그들이 이 글을 통하여 도움을 얻게 되자 많은 사람이 개인용 사본을 갖게 해달라고 요청하였습니다. 그와 같은 요청으로 이 책의 인쇄는 시작되었습니다.

저는 이 책을 원래 단순한 그대로 두었습니다. 이 책은 다른 사람들이 써 놓은 영적인 일을 전혀 비판하지 않았습니다. 오히려 그러한 가르침을 보강하고 있습니다.

이제 공부도 많이 하고 체험도 많은 사람들의 판단에 이 책을 맡기면서 한 가지를 부탁하려고 합니다. 즉 피상적인 내용에만 머무르지 말고 이 책을 저술한 저의 주된 목적을 파악해 달라는 것입니다.

제가 이 책을 저술한 목적은 온 세상 사람들로 하여금 그 어떤 사람이 상상하는 것보다도 더 쉽고 간단한 방법으로 하나님을 사랑하고 섬길 수 있게 하는 것입니다.

저는 이 책을, 깊은 연구를 할 수 있는 자질을 갖추지는 못했을지라도 전적으로 하나님께 드려진 삶을 살고자 하는 마음으로 소박하게 예수 그리스도를 따르는 사람들을 위하여 썼습니다.

편견 없이 이 책을 대하는 사람은 가장 간단하고 간결한 표현의 이면에 보이지 않는 하나님의 기름 부으심이 있다는 사실을 발견하게 될 것입니다. 이러한 기름 부으심은 이 책을 읽는 사람으로 주님의 제자들이 간직하며 누리기 원하는 내면의 행복을 추구하는 마음이 일어나도록 할 것입니다.

하나님을 추구함

저는 '완전'을 쉽게 얻을 수 있다고 말해 왔는데, 그것은 사실입니다. 예수 그리스도께서 완전이시기에 우리 안에서 주님을 구하면 쉽게 주님을 만날 수 있기 때문입니다.

그러나 당신은 이렇게 말할지도 모릅니다. "주님이 '너희가 나를 찾아도 만나지 못할 터이요'라고 말씀하지 않으셨습니까?"(요 7:34)

오! 물론 그렇습니다. 그러나 스스로 모순되는 말씀을 하실 리 없는 주님은 또한 모든 사람에게 "찾으라 그리하면 찾아낼 것이요"(마 7:7)라고 말씀하셨습니다.

그렇습니다. 주님을 찾으면서도 죄 짓기를 중단하지 않는다면 당신은 주님을 만날 수 없습니다.

그 이유는 무엇일까요?

그것은 당신이 그분이 계시지 않는 곳에서 그분을 찾기 때문입니다. 그러므로 주님은 "너희가 나를 찾다가 너희 죄 가운데서 죽겠고"(요 8:21)라고 말씀하시는 것입니다.

그러나 당신이 자신의 마음 안에서 하나님을 찾으려고 한다면, 또한 하나님께 가까이 나아가기 위하여 진지하게 당신의 죄를 내어 버린다면 반드시 그분을 만나게 될 것입니다.

기도와 경건

대부분의 그리스도인에게 '경건한 삶'을 사는 것은 두려운 일인 것 같습니다. 기도 또한 매우 어려운 일로 여기고 있습니다. 그래서 믿는 사람들 대부분은 아예 처음부터 낙심하여 이 방향으로 나아가는 첫걸음조차 떼어 놓지 않습니다. 당신이 어떤 새로운 일을 시작하면서 그 일에 따를 어려움을 먼저 생각한다면, 그러한 어려움은 반드시 당신을 낙심하게 하여 그 일 시작하기를 주저하게 만들 것입니다. 반면 그러한 모험이 결국에는 바람직한 일이 될 것이라는, 즉 그 일이 쉽게 이루어질 것이라는 믿음은 당신이 그 일을 힘 있게 시작하도록 할 것입니다.

그러므로 이 책은 기도와 경건이 바람직하고 즐거우며, 유익하고 쉽게 되는 길을 비추어 줄 것입니다.

오! 하나님이 자녀들에 대해 가지고 계시는 선하심과, 자신을 드러내 보여 주고자 하시는 간절함을 단 한 번만이라도 확신할 수 있다면 얼마나 좋을까요? 그러면 우리는 더 이상 자신의 이기적인 소원을 구하지 않을 것입니다. 또 하나님이 우리에게 주시고자 그토록 원하시는 것을 추구하는 일을 그렇게 쉽게 포기하지 않을 것입니다.

"자기 아들을 아끼지 아니하시고 우리 모든 사람을 위하여 내주신 이가 어찌 그 아들과 함께 모든 것을 우리에게 주시지 아니하겠느냐"(롬 8:32).

우리에게는 약간의 용기와 인내만 있으면 됩니다. 사실 우리는 세상 일에 있어서는 이 두 가지를 충분하게 가지고 있지만, 정말로 중요한 하나님의 일에 있어서는 전혀 그렇지 못합니다(눅 10:42).

실제로 하나님을 쉽게 만날 수 있다는 사실을 믿지 않는 사람들도 있습니다. 그렇다면 제 말을 그냥 받아들이지 않기 바랍니다. 대신 제가 제시하는 것을 직접 시험해 보기 바랍니다. 이렇게 말하는 이유는 여러분이 경험을 통하여, 제가 여러분에게 말해 온 것보다 훨씬 더 엄청난 사실을 직접 확인하게 될 것을 확신하기 때문입니다.

책의 내용을 마음에 기록하소서

사랑하는 독자여, 이 작은 책을 진지하고도 정직한 심령으로 읽기 바랍니다. 비판하기 전에 낮고 겸손한 마음으로 이 책을 읽으십시오. 그러면 이 책에서 유익을 얻지 못하는 일은 없을 것입니다. 저는 여러분이 자신을 전적으로 하나님께 드리게 되기를 바라는 마음으로 이 책을 썼습니다. 여러분도 그런 마음을 가지고 이 글을 받아들이기 바랍니다.

이 책은 다음과 같은 목적을 가지고 있습니다. 즉 단순하고 어린아이 같은 사람들이 그들의 아버지가 되신 분, 즉 자녀들의 작은 확신(담대함)을 기뻐하시며, 또한 그들의 불신을 슬퍼하시는 아버지에게로 나아오도록 권면하는 것입니다.

그러므로 자신의 구원을 바라는 진지한 마음을 가지고, 하나님의 사랑 이외의 그 어떤 것도 이 책에서 얻으려고 하지 않기를 바랍니다. 이 같은 기대를 가진다면 반드시 그 사랑을 얻게 될 것입니다.

이 방법이 다른 사람들의 방법보다 낫다는 것이 아닙니다. 단지 제 자신과 다른 사람들의 경험으로부터, 이 같은 방법으로 주님을 따를 때 기쁨을 얻음을 솔직하게 알려 줄 뿐입니다.

우리가 이 책에서 다룰 수 있는 영적으로 대단히 중요한 주제들은 많지만, 이 책의 주제인 예수 그리스도를 경험하는 문제와 직접적인 관련이 없는 주제는 여기서 언급하지 않았습니다. 이 책을 쓴 의도와 같은 심정으로 읽기만 한다면 문제없을 것입니다. 더 분명한 것은 제가 이 책에서 제시하는 방법을 진지하게 실천하는 사람은 제가 진실을 기록했다는 것을 발견하리라는 사실입니다.

오, 거룩하신 예수님, 주님은 단순하고 순수한 심령을 사랑하시는 분입니다. 주님은 '인자들'(잠 8:3-4)과 또한 '어린아이들과 같이 되려는 자들'(마 18:3)과 함께 계시기를 기뻐하십니다. 이 작은 책을 조금이라도 가치 있게 하실 수 있는 분은 주님뿐입니다. 사랑하는 주님, 책을 읽는 사람들의 마음에 이 글을 기록하여 주시고, 자신들 안에 계시는 주님을 찾도록 인도하소서. 그곳은 바로 주님이 구유에 누이셨을 때처럼 그들로부터 사랑의 증표를 받으시며, 또한 그 보답으로 주님의 사랑의 증거들을 주시기 위하여 기다리시며 쉬시는 곳입니다. 오! 주님이 그들에게 그토록 주시고자 하는 모든 것을 경험하지 못하는 잘못은 저들에게 있습니다. 그러나 전능하신 아이시며, 창조되지 않은 사랑이시며, 또한 아무 말이 없으시나 모든 것을 포함하고 계시는 말씀이시여, 사람들이 당신을 사랑하고 누리며 이해하게 되는 것도 사실은 당신에게 달려 있나이다. 주님은 그렇게 하실 수 있으시며, 또한 주님이 이 작은 책을 통하여 그들로 그렇게 하도록 하실 것임을 제가 아오니, 그것은 이 책이 전적으로 주님께 속한 것이기 때문입니다. 이 책은 전적으로 주님께로부터 나왔사오며, 또한 주님만을 나타내나이다.

1685년경 프랑스 그르노블에서
잔느 귀용
Jeanne Guyon

주님을 깊이 체험하는 일은 모두에게 열려 있는 하나님의 사랑입니다. 그 달콤하며 내밀한 사랑의 기쁨을 음미하고자 한다면 마음 깊숙한 곳으로 들어가십시오. 고요한 내면의 골방에서 주님을 아는, 다함이 없는 풍요로움을 누리십시오.

Part 1

Jeanne Guyon

깊은 체험의
성문을 열고

1

얕은 곳에서 깊은 곳으로

우리 모두는 구원으로 부르심을 받은 것과 마찬가지로, 분명하게 그리스도를 깊이 체험하는 자리로 부르심을 받았습니다. '예수 그리스도와의 깊고 내적인 관계'란 무엇을 의미합니까? 사실 이것은 아주 간단합니다. 단지 당신의 마음을 주님께로 돌이키고 주님께 굴복시키기만 하면 됩니다. 또한 마음으로 주님께 사랑을 표현하는 것입니다.

이 책을 집어 들면서 당신은 자신이 예수 그리스도를 깊이 체험할 수 있는 사람이 못된다고 생각했을지 모릅니다. 대부분의 그리스도인은 자신이 주님과의 깊고 내적인 관계로 부르심을 받았다고 생각하지 않습니다. 그러나 우리 모두는 구원으로 부르심을 받은 것과 마찬가지로, 분명하게 그리스도를 깊이 체험하는 자리로 부르심을 받았습니다.

예수 그리스도와의 깊고 내적인 관계

그렇다면 '예수 그리스도와의 깊고 내적인 관계'란 무엇을 의미합니까? 사실 이것은 아주 간단합니다. 단지 당신의 마음을 주님께로 돌이키고 주님께 굴복시키기만 하면 됩니다. 또한 마음으로 주님께 사랑을 표현하는 것입니다.

사도 바울이 "쉬지 말고 기도하라"(살전 5:17)라고 권면한 사실을 되새겨 보십시오. 또한 주님도 우리에게 "깨어 있으라"(막 13:33, 37)라고 말씀하셨습니다. 다른 많은 구절도 그렇지만 위의 두 구절을 볼 때, 우리 모두는 사랑에 의하여 살아가는 것과 마찬가지로 이 같은 체험, 즉 기도에 의하여 살아감이 분명합니다.

한번은 주님이 다음과 같이 말씀하셨습니다. "내가 너를 권하노니 내게서 불로 연단한 금을 사서 부요하게 하고"(계 3:18).

사랑하는 독자여, 여기에 당신이 살 수 있는 금이 있습니다. 이 금은 당신이 상상했던 것보다 훨씬 더 쉽게 얻을 수 있습니다. 이 금은 바로 당신의 것이 될 수 있습니다. 이 책의 목적은 당신으로 이 금을 찾는 일을 시작하게 하고 또한 그 금을 발견하게 하는 것입니다.

갈증을 느낀다면 생수가 있는 곳으로 나오십시오. 당신의 소중한 시간을 물이 나오지 않을 우물들을 파는 데 낭비하지 마십시오(요 7:37; 렘 2:13).

굶주리고, 허기를 채워 줄 만한 것을 찾지 못하였다면 이제 오십시오. 이리로 오면 채움을 받을 것입니다.

가난한 사람도 오십시오.

고난을 당하는 자도 오십시오.

비참함의 짐과 고통의 짐에 눌려 있는 자들도 나아오십시오. 위로를 받게 될 것입니다.

병들어 의사가 필요한 사람도 나아오십시오. 질병이 있다는 이유로 망설이지 마십시오. 주님께 나아와서 그분께 모든 질병을 보여 드리십시오. 그러면 나음을 받게 될 것입니다!

나아오십시오!

사랑하는 하나님의 자녀여, 바로 당신의 아버지가 되시는 분께서 당신을 향하여 사랑의 팔을 벌리고 계시니, 그분의 팔에 자신을 완전히 맡기십시오.

양과 같이 길을 잃고 헤매는 사람이여, 목자이신 그분께로 돌아오십시오. 죄인들이여, 당신을 구원하실 구세주께로 돌아오십시오.

글을 읽거나 쓰지 못하는 이들을 향하신 부르심

특별히 매우 소박하고, 교육을 받지 못하고, 글을 읽거나 쓰지 못하는 사람들에게 말합니다.

여러분은 자신이 지속적으로 그리스도를 경험하는 이 같은 일, 즉 간결한 기도에 가장 합당하지 못한 사람이라고 생각하고 있을지도 모릅니다. 또한 자신을 주님과의 깊은 관계를 체험하는 일과는 거리가 먼 사람들 가운데 하나라고 생각할지도 모릅니다.

그러나 사실은 바로 주님이 특별히 당신을 택하셨습니다! 당신이야말로 주님을 잘 알기에 가장 합당한 사람입니다. 그러므로 그 누구도 이 일에서 제외되었다고 생각하지 마십시오. 예수 그리스도께서는 우리 모든 사람을 부르셨습니다.

오, 그러나 이 일에 있어서 제외된 한 무리가 있습니다!

마음이 없다면 나아오지 마십시오. 당신도 알겠지만, 나아오기 전에 해야 할 한 가지 일이 있으니, 그것은 먼저 당신의 마음을 주님께 드리는 일입니다.

"그러나 저는 어떻게 하는 것이 저의 마음을 하나님께 드리는 것인지 모르겠습니다."

그렇다면 이 작은 책을 통하여 마음을 주님께 드리는 것이 무엇인지, 또한 그러한 선물을 주님께 드릴 수 있는 방법이 무엇인지 배우게 될 것입니다.

이제 질문을 하나 하겠습니다.

당신은 주님을 깊이 알기 원합니까?

하나님은 당신이 그러한 체험의 삶을 살 수 있도록 인도해 오셨습니다. 하나님은 친히 구속하신 그 모든 자녀에게 주시는 은혜로 말미암아 그것이 가능하도록 하셨습니다. 하나님은 성령님을 통하여 그 일을 해오셨습니다.

주님께 나아오는 비결

주님을 깊이 알기 위하여 주님께로 나아오길 원합니까? 그렇다면 기도가 바로 그 열쇠입니다.

그러나 제가 말하는 기도는 어떤 특별한 형태의 기도입니다. 그것은 매우 간단하면서도 완전함과 선함, 즉 하나님에게서만 발견되는 완전함과 선함에 이르게 하는 열쇠를 쥐고 있는 기도입니다.

지금 제가 말하고자 하는 유형의 기도는 모든 죄에 대한 노예 상태로부터 당신을 해방시켜 줄 것입니다. 또한 그러한 기도는 당신에게 하나님의 모든 속성을 나타내 보여 줄 것입니다.

완전함에 이르는 유일한 길은 하나님의 임재 안에서 행하는 것입니다. 당신이 하나님과 끊임없는 교제를 유지하면서 그분의 임재 안에서 살 수 있는 유일한 방법은 기도를 통해서인데, 그것도 아주 특별한 유형의 기도를 통해서입니다. 이 기도는 당신을 하나님의 임재로 인도하여, 언제나 그 앞에 있게 해주는 그러한 기도입니다. 이 기도는 어떠한 상황이나 장소나 시간에도 할 수 있는 기도입니다.

그러한 기도가 정말로 있을까요? 그리스도를 그렇게 경험하는 일이 정말로 가능할까요?

그렇습니다. 그러한 기도는 있습니다! 당신의 외적인 활동이나, 매일 하는 일상적인 일들로 인하여 방해받지 않는 그러한 기도가 있습니다.

국왕이나 사제, 병사, 노동자, 어린이, 여성 그리고 심지어는 병자들까지도 드릴 수 있는 기도가 있습니다.

단순한 기도, 마음에서 시작되는 기도

이 기도는 머리로부터 나오는 기도가 아니라는 사실을 먼저 말하고 싶습니다. 제가 말하려는 기도는 마음에서 시작되는 기도입니다. 이러한 기도는 당신의 두뇌나 사고로부터 나오는 것이 아닙니다. 당신의 머리로부터 주님께 드려지는 기도만으로는 충분하지 않습니다.

그 이유는 당신의 머리는 매우 제한적이기 때문입니다. 지성은 한 번에 단 한 가지에만 주의를 집중시킬 수 있습니다. 마음으로부터 나오는 기도는 생각에 의하여 방해받지 않습니다! 더 나아가서, 아무것도 이 기도, 즉 '단순한 기도'(the prayer of simplicity)를 방해할 수 없습니다.

오, 물론 한 가지 예외가 있습니다. 이기적인 마음이 이 기도를 중지시킬 수 있습니다. 그러나 그러한 상황에서도 용기를 가질 수 있는 것은, 일단 당신이 주님을 경험하고 그분의 사랑의 달콤함을 맛보게 되면, 당신의 이기적인 마음도 더 이상 아무런 힘도 발휘하지 못한다는 사실입니다. 주님 외에는 그 어느 것에서도 기쁨을 발견할 수 없음을 깨닫게 될 것입니다.

독자들 중에는 자신에 대하여 매우 느리고, 깨닫는 것이 둔하며, 매우 영적이지 못하다고 생각하는 사람들이 있을 줄 압니다.

사랑하는 독자여, 이 세상에 예수 그리스도를 경험하며 누리는 것보다 더 쉬운 일은 없습니다!

주님은 당신 자신보다도 당신과 더 가까이에 계십니다! 더구나 당신에게 주님 자신을 주려고 하시는 주님의 마음은, 주님을 붙잡으려고 하는 당신의 마음보다 더 큽니다.

그러면 어떻게 시작할까요?

필요한 것은 단 한 가지입니다. 단지 주님을 구하는 방법을 알기만 하면 됩니다. 주님을 구하는 방법을 알게 되면, 하나님께로 나아가는 방법이 숨을 쉬는 것보다도 더 쉽다는 사실을 발견하게 될 것입니다.

당신은 이러한 단순한 기도, 즉 그리스도를 마음속 깊이 경험함으로써, 공기를 들이마시며 사는 것보다도 더 쉽고, 더 어려움 없이 하나님으로 인하여 살게 될 것입니다. 그렇다면 이제 제가 묻겠습니다. 이것이 사실이라면 기도하지 않는 것은 죄가 되지 않겠습니까? 그렇습니다. 그것은 죄가 됩니다. 그러나 일단 예수 그리스도를 구하는 법을 알게 되고, 그분을 붙잡는 방법을 알게 된다면 그 길이 아주 쉽기 때문에 더 이상 주님과의 관계를 소홀히 여기지는 못할 것입니다.

그러므로 이제 이렇게 단순한 기도의 방법을 배워 보겠습니다.

2
예수 그리스도를 깊이 체험하는 첫걸음

일단 마음이 내적으로 주님을 향하게 되면, 당신은 그분의 임재하심에 대하여 어떤 느낌을 갖게 될 것입니다. 이제 당신의 외적인 감각들이 아주 고요하고 조용히 가라앉았기 때문에 그분의 임재하심에 대하여 더욱 분명하게 인지하게 됩니다. 읽은 말씀과 주님의 임재에 대한 느낌으로 생각은 감미롭고 조용하게 가득 채워질 것입니다.

당신을 이제 처음으로 그리스도를 알려고 애쓰는 사람으로 생각하고 이야기하려고 합니다. 주님께로 나아가는 두 가지 방법을 제시하겠습니다. 첫 번째 방법은 '성경으로 기도하기', 두 번째 방법은 '주님 바라보기' 혹은 '주님의 임재하심 속에서 기다리기'입니다.

성경으로 기도하기

'성경으로 기도하기'는 성경을 대하는 특별한 방법입니다. 여기에는 성경을 읽는 것과 기도하는 것 두 가지가 모두 포함됩니다.

이 방법은 다음과 같이 시작됩니다.

성경을 폅니다. 간단하면서도 아주 실천적인 구절을 선택하십시오. 그 다음에는 주님께로 나아가십시오. 조용하게 그리고 겸손한 마음으로 나아가십시오. 그리고 거기, 즉 주님 앞에서 당신이 펼쳐 놓은 짧은 성경 구절을 읽으십시오. 정신을 집중하면서 성경을 읽으십시오. 읽고 있는 내용을 온전히 그리고 온유하게, 신중하게 받아들이십시오. 성경을 읽으면서 그 내용을 음미하고 완전히 소화하십시오.

과거에는 성경을 빨리빨리 읽어 넘기는 것이 습관이었을 수도 있습니다. 어쩌면 본문의 줄거리를 파악하려고 그랬을 수도 있습니다.

그러나 성경으로 기도하는 이 방법에서는 성경을 빨리 읽지 않습니다. 성경을 매우 느린 속도로 읽어야 합니다. 또한 읽고 있는 내용의 핵심을 파악하기까지는 한 본문에서 다른 본문으로 넘어가지도 않습니다.

그렇게 되면 마음에 와 닿은 성경의 부분을 기도로 바꾸고 싶은 마음이 생기게 될 것입니다.

본문에서 어떤 것을 이끌어 낸 후에, 그리고 당신이 그 부분의 핵심을 파악하고 그 구절의 더 깊은 의미를 다 알았다는 사실을 알게 된 후에 아주 천천히, 부드럽게, 조용하게 다음 부분을 읽어 나가기 시작하십시오. 주님과 함께 보내는 시간이 끝났을 때에 당신은 성경을 매우 조금, 아니 어쩌면 반 페이지도 읽지 못했다는 사실을 발견하고 깜짝 놀라게 될지도 모릅니다.

'성경으로 기도하기'는 성경을 얼마나 많이 읽었는가가 아니라 성경을 읽는 방식에 따라서 평가됩니다. 성경을 빨리 읽는다면 얻는 유익이 적을 것입니다. 꽃의 표면만을 스치고 지나간 꿀벌처럼 말입니다. 그러나 이와 같이 기도하면서 성경을 읽는 새로운 방법에서는 꽃의 깊은 부분에까지 찾아 들어가는 꿀벌같이 될 것입니다. 당신은 꽃의 가장 깊은 곳으로 들어가 그곳에 있는 단 꿀을 따게 됩니다.

물론 학식을 얻거나 연구를 위한 목적으로 성경을 읽는 경우도 있지만, 여기서는 아닙니다. 학문적으로 성경을 읽는 것은 경건에 도움이 되지 않습니다. 성경에서 깊고 내적인 유익을 얻기 위해서는 제가 설명한 바와 같은 방식으로 성경을 읽어야 합니다. 계시가 달콤한 향기와 같이 터져 나올 때까지 말씀의 깊은 곳으로 들어가십시오.

이러한 과정을 따른다면 조금씩 당신의 내적인 존재로부터 흘러나오는 아주 풍요로운 기도 생활을 경험하는 자리에 이르리라는 분명한 확신을 가질 수 있을 것입니다.

주님 바라보기

이제는 두 번째 유형의 기도에 대해서 살펴보기로 하겠습니다.

제가 '주님 바라보기', 혹은 '주님의 임재하심 속에서 기다리기'라고 표현한 두 번째 유형의 기도에서도 성경을 사용하지만 여기서 성경은 '성경으로 기도하기'에서와는 전혀 다른 목적을 가지고 있습니다. 바로 그 이유 때문에 당신은 주님을 기다리기 위하여 주님께 나아올 수 있는 별도의 시간을 마련해야 합니다.

'성경으로 기도하기'에서는 당신이 읽고 있는 성경 속에서, 즉 바로 단어들 자체에서 주님을 발견하려고 하는 것입니다. 그러므로 그 방법에서는 성경의 내용에 초점을 맞추게 됩니다. 당신의 목적은 성경 본문으로부터 주님에 대하여 계시하는 모든 사항을 이끌어 내는 것입니다.

그렇다면 이 두 번째 방법의 목적은 무엇일까요?

'주님 바라보기'에서는 전혀 다른 방식으로 주님께 나아가게 됩니다. 여기서 당신이 주님을 기다릴 때 갖게 될 가장 큰 어려움이 무엇인지를 나누어야 할 필요가 있을 것 같습니다. 그것은 당신의 지성과 관계있는 문제입니다. 생각은 주님으로부터 멀리 떨어져 나가려는 경향이 아주 강합니다. 그러므로 당신이 주님 앞에 앉아서 그분을 바라보기 위하여 주님 앞으로 나아갈 때에는 성경을 사용하여 당신의 생각을 잠잠하게 해야 합니다.

그 방법은 아주 간단합니다. 첫째, 성경 한 구절을 읽으십시오. 일단 주님의 임재를 느끼게 되면 읽은 성경의 내용은 더 이상 중요하지 않게 됩니다. 이제 성경은 그 목적을 다한 것입니다. 성경은 당신의 생각을 잠재웠고, 당신을 주님께로 인도했습니다.

이제 이 문제를 좀 더 분명하게 이해하게 하기 위하여, 단지 주님을 바라보며, 그분을 기다리는 간단한 행위를 통해 주님께 나아가는 방법에 대하여 설명하기로 하겠습니다.

먼저 주님과 함께 있기 위한 별도의 시간을 마련하십시오. 주님께로 나아갈 때에는 조용하게 나아가십시오. 당신의 마음을 하나님의 임재로 향하게 하십시오. 어떻게 해야 이러한 상태가 될까요? 그것 또한 아주 간단합니다. 바로 믿음으로 주님께 향하는 것입니다. 믿음으로 당신이 하나님의 존전에 나와 있다는 사실을 믿게 되는 것입니다.

그 다음 주님 앞에 있는 동안에 성경의 어떤 부분을 읽어 나가기 시작하십시오. 성경을 읽어 나가다가 잠시 중단하십시오.

그러한 중단은 아주 차분해야 합니다. 당신의 지성을 성령님께 고정시키기 위하여 읽는 것을 멈추는 것입니다. 이제 당신은 지성을 내적으로, 즉 그리스도께 고정시키게 됩니다.

(언제든지 이렇게 하는 것이 당신이 읽은 것에 대하여 어떤 깨달음을 얻기 위한 것은 아니라는 사실을 기억해야 합니다. 오히려 성경을 읽는 것은 생각을 외적인 것으로부터 돌이켜 존재의 깊은 곳으로 향하게 하기 위함입니다. 당신이 성경을 읽는 것은 무엇을 배우거나, 읽기 위한 것이 아닙니다. 주님의 임재하심을 경험하기 위한 것입니다.)

주님 앞에 있는 동안에는 마음을 주님의 임재 안에 계속 있게 하십시오. 어떻게 그렇게 할 수 있을까요? 이것도 역시 믿음으로 합니다. 그렇습니다. 당신은 믿음으로 마음을 주님의 임재 안에 계속 있게 할 수 있습니다. 이제는 주님 앞에서 기다리면서 모든 의식을 당신의 영으로 향하게 하십시오. 생각이 흩어지지 못하게 하십시오. 생각이 흐트러지기 시작하면 의식을 다시 당신의 존재의 내적인 부분으로 돌이키십시오.

그러면 정신이 산란해지는 것, 즉 그 어떤 외적인 산란함으로부터 자유로워질 것이며, 또한 하나님 가까이로 인도받게 될 것입니다.

(주님은 당신의 영혼 속에서, 당신 존재의 깊은 곳, 즉 지성소에서만 발견되십니다. 이곳이 바로 주님이 거하시는 곳입니다. 주님은 당신에게 오셔서 거처를 당신과 함께 하시겠다고 약속하셨습니다[요 14:23]. 주님은 주님을 경배하며, 주님의 뜻을 행하는 자들을 거기서 만나겠다고 약속하셨습니다. 주님은 당신의 영혼 속에서 당신을 만나실 것입니다. 아우구스티누스 [Aurelius Augustinus]는 기독교인이 되었던 초기에 주님을 내적으로 찾으려고 하지 않고 외적으로 찾으려 애쓰다가 많은 시간을 낭비했다고 말한 적이 있습니다.)

일단 마음이 내적으로 주님을 향하게 되면, 그분의 임재하심에 대하여 어떤 느낌을 갖게 될 것입니다. 이제 당신의 외적인 감각들이 아주 고요하고 조용히 가라앉았기 때문에 그분의 임재하심에 대하여 더욱 분명하게 인지하게 됩니다. 당신의 관심도 더 이상 외적인 것들이나 표면적인 생각에 집중되지 않고, 오히려 읽은 말씀과 주님의 임재에 대한 느낌으로 생각은 감미롭고 조용하게 가득 채워질 것입니다.

오, 그러나 이것은 당신이 방금 읽은 내용에 관하여 생각하게 된다는 것이 아니라, 당신이 읽은 내용을 섭취하게 된다는 것입니다. 당신은 주님께 대한 사랑으로 의지적으로 주님 앞에서 당신의 생각을 고요하게 유지시켜야 합니다.

이러한 상태에 이르렀다면, 당신은 생각을 안식하게 해야 합니다.

다음에는 어떻게 해야 할까요?

이와 같이 아주 평온한 상태에서 이제는 당신이 맛보아 오던 것을 삼키십시오. 처음에는 어려워 보일지도 모르지만 저는 이것이 얼마나 간단한 일인지를 보여 줄 수 있습니다. 당신은 아주 맛있는 음식의 향기를 음미해 본 적이 있습니까? 향기도 좋지만 그 음식을 삼키지 않는다면 영양분을 섭취하지 못합니다. 영혼에 있어서도 마찬가지입니다. 이와 같이 고요하고 평온하며 복잡하지 않은 상태에서, 이제는 거기에 있는 것을 영양분으로 알고 섭취하기만 하십시오.

생각이 흐트러질 때

우리를 산만하게 하는 것들은 어떻게 해야 할까요?

생각이 산란해진다고 해봅시다. 일단 주님의 영이 당신을 깊이 어루만져 주셨는데도 생각이 산란해진다면, 흩어져가는 생각을 다시 주님께로 되돌려 놓기에 힘쓰십시오. 이것이 바로 외부의 산만하게 하는 것들을 극복하는 세상에서 가장 쉬운 방법입니다.

생각이 흩어질 때는 생각하고 있는 내용을 바꾸는 것으로 그 문제를 해결하려고 하지 마십시오. 당신이 아는 바와 같이 당신이 생각하는 내용에 의식을 집중하게 되면 생각을 더욱 자극하여 더욱 혼란스럽게 만들

뿐입니다. 오히려 당신의 의식을 생각으로부터 멀어지게 하십시오. 다시 마음속으로 주님의 임재로 돌아가기를 계속하십시오. 이렇게 함으로써 산란해져가는 생각과의 싸움에서 이기게 되며 결코 직접적으로 그러한 싸움에 말려들지 않게 될 것입니다!

보다 깊은 묵상

이 장을 마치기 전에 한두 가지를 더 언급하려고 합니다.

하나님의 계시에 대하여 이야기해 보겠습니다. 과거에 당신이 성경을 읽던 습관은 한 주제에서 다른 주제로 여기 저기 읽어 나가는 것이었을지도 모릅니다. 하나님의 계시 속에 감추어진 비밀들을 이해하고, 그러한 비밀들을 온전히 누리는 가장 좋은 방법은 그러한 것들이 당신의 마음에 깊이 새겨지도록 하는 것입니다.

어떻게 그렇게 될까요? 그 계시가 주님을 느끼게 할 때까지 그 계시를 묵상함으로써 그렇게 할 수 있습니다. 이 생각에서 다른 생각으로 서둘러 넘어가지 마십시오. 주님이 당신에게 계시하시는 내용을 오래 간직하면서 거기에 머물러 있으십시오. 그렇게 계시된 내용으로부터 주님을 느낄 수 있는 동안은 계속해서 그 내용에 머물러 있으십시오.

물론 이 같은 새로운 탐구를 시작하면서 생각을 통제한다는 것은 매우 어렵습니다. 그 이유는 여러 해 동안 길들여진 습관을 통하여 생각이 가고자 하는 대로 두루 다니도록 내버려 두었기 때문입니다. 그러므로 제가 여기서 이야기하는 것은 생각에 대한 훈련과 같은 역할을 하게 됩니다.

당신의 영혼이 내적인 것으로 돌아가는 일에 점점 더 익숙해짐에 따라 이러한 과정이 훨씬 더 쉬워지리라고 확신하기 바랍니다.

시간이 흐름에 따라 생각을 주님께 복종시키는 일이 더 쉬워질 것이라고 하는 데에는 두 가지 이유가 있습니다. 첫째는 당신의 생각이 이 일을 계속함에 따라서 내적 깊은 곳으로 들어가는 새로운 습관을 갖게 되기 때문이며, 둘째는 당신이 은혜가 많으신 주님을 모시고 있다는 사실입니다.

주님은 친히 자신을 당신에게 계시하시는 것을 아주 크게 기뻐하시며, 또한 그렇게 하시기 위하여 풍성한 은혜를 내리십니다. 주님은 당신에게 친히 자신의 임재를 즐거워하며 누리는 체험을 주십니다. 주님이 당신을 만져 주시면, 그분의 만져 주심이 너무나 좋기 때문에 그 어느 때보다도 주님께로 더 가까이 나아가고자 하는 마음을 갖게 됩니다.

3

글을 읽지 못하는 사람도 경험할 수 있는 축복

글을 읽을 수 없는 것이 축복이 되는 것은, 당신에게는 기도가 바로 읽는 것이 될 수 있기 때문입니다! 당신은 가장 위대한 책이 바로 그리스도시라는 사실을 모릅니까? 그분은 안팎으로 기록되어 있는 책입니다. 그분이 모든 것을 가르쳐 주실 것입니다. 그분을 읽으십시오!

이번 장에서는 당신이 글을 읽지 못하는 사람이라는 전제 아래 이야기하려고 합니다.[1] 당신은 글을 읽을 수 없기 때문에 다른 그리스도인들보다 연약한 상태에 있다고 생각할 수 있습니다. 또한 당신은 주님을 만날 만한 자격이 없다고 생각할지도 모릅니다. 그러나 사실 당신은 정말로 복을 받은 사람입니다. 글을 읽을 수 없는 것이 축복이 되는 것은, 당신에게는 기도가 바로 읽는 것이 될 수 있기 때문입니다!

---

[1] 글을 읽을 수 있다 하더라도 이 장을 건너뛰지 말기 바랍니다. 글을 읽을 줄 아는 사람도 많은 도움을 받게 될 것입니다. 바로 지난 세기까지도 전 세계 인구의 대다수가 글을 읽지 못했다는 사실을 기억해 주기 바랍니다. 잔느 귀용 여사는 그런 사람들을 대상으로 이야기를 해왔습니다. 이 책이 글을 읽지 못하는 사람들에게도 읽혀 들려진다면 대단히 큰 도움이 될 것입니다.

당신은 가장 위대한 책이 바로 그리스도이시라는 사실을 모릅니까? 그분은 안팎으로 기록되어 있는 책입니다. 그분이 모든 것을 가르쳐 주실 것입니다. 그분을 읽으십시오!

내면의 눈으로 주님께 나아가기

사랑하는 친구여, 가장 먼저 배워야 할 것은 "하나님의 나라는 너희 안에 있느니라"(눅 17:21)라는 사실입니다.

하나님의 나라를 다른 곳에서 찾지 말고, 바로 거기, 즉 당신 안에서 찾으십시오. 하나님의 나라가 당신 안에 있으며, 또한 당신 안에서 발견될 수 있다는 것을 깨달았다면, 이제는 주님께로 나아오기만 하십시오.

주님께로 나아올 때는 주님을 깊이 사랑하는 마음으로 나아오십시오. 아주 온유하고 부드럽게 주님께로 나아오십시오. 또한 깊이 경배하는 심정으로 나아오십시오.

주님께 나아올 때에는 그분이 당신의 모든 것이 되셨다는 사실을 겸손하게 인정하십시오. 주님께 당신이 아무것도 아니라는 사실을 고백하십시오. 주위의 모든 것에 대해서는 눈을 감으십시오. 이제는 내적인 눈을 떠서 당신의 영을 바라보십시오. 한마디로, 모든 생각을 당신의 존재의 내적인 부분에 집중시키십시오.

하나님이 당신 안에 계시다는 사실을 믿기만 하면 됩니다. 이러한 믿음, 바로 이러한 믿음만이 당신을 그분의 거룩하신 임재하심 앞으로 인도해 줄 것입니다. 당신의 생각을 이곳저곳으로 떠돌아다니지 않게 하고, 할 수 있는 한 통제하십시오.

주님의 임재에 들어왔다면, 이제는 그분 앞에서 잠잠히 그리고 고요히 있어야 합니다.

주기도문으로 주님께 나아가기

이제는 그분의 임재 앞에서 주기도문을 반복하십시오.

"하늘에 계신 우리 아버지여"라는 말로 시작합니다. 그렇게 하면서 그 단어의 모든 의미가 당신의 마음에 깊이 와 닿을 수 있도록 하십시오.

당신 안에 계신 하나님이 정말로 당신의 아버지가 되시기를 몹시 원하신다는 사실을 믿으십시오. 어린아이가 자기의 마음을 아버지에게 쏟아 놓듯이, 당신의 마음을 그분께 쏟아 놓으십시오.

당신의 아버지께서 당신을 깊이 사랑하신다는 사실을 결코 의심하지 마십시오. 또한 그분이 당신의 말을 들어 주시기를 원하신다는 사실도 결코 의심하지 마십시오.

주님의 이름을 부르고, 이제 잠시 동안 그분 앞에 고요히 있으십시오. 주님의 심정이 당신에게 알려지기를 기다리면서 그 자리에 그대로 있으십시오.

주님께 나아올 때에는 온 몸에 흙이 묻어 있고, 심한 상처도 나 있는 연약한 어린아이, 넘어지고 또 넘어져 많은 상처를 가진 어린아이로서 나오십시오. 자기 자신의 힘은 하나도 없는 사람의 모습으로 주님께 나아오십시오. 자신을 깨끗하게 씻어 낼 수 있는 힘이 전혀 없는 사람의 모습으로 주님께 나아오십시오.

당신의 불쌍한 상태를 겸손하게 아버지 앞에 내려놓으십시오. 주님 앞에서 그분을 기다리는 동안 가끔씩 주님께 사랑의 말과 죄에 대한 탄식의 말씀을 드려 보십시오.

이제는 잠시 기다리기만 하십시오. 잠시 기다리고 난 후에는, 언제 기도를 계속 진행시켜 나가야 할지에 대하여 감지하게 될 것입니다. 그러한 순간이 오면 주기도문을 계속 반복해 나갑니다.

"나라가 임하시오며"라는 부분을 기도할 때는 영광의 왕이신 주님께 당신을 다스려 주시기를 요청하십시오.

당신을 하나님께 완전히 내어 드리십시오. 당신을 하나님께 내어 드림으로써, 당신이 그렇게 오랫동안 애쓰면서도 실패해 왔던 일을 하나님이 당신 안에서 해주실 수 있도록 하십시오. 주님 앞에서, 주님이 당신을 다스리실 권한이 있다는 사실을 인정하십시오.

주님과의 이러한 만남의 어떤 순간에, 당신은 영혼 깊은 곳에서 바로 지금이 주님 앞에서 잠잠히 있어야 할 시간이라는 느낌을 받게 될 것입니다.

그러한 느낌을 갖게 될 때에는 다음 구절로 넘어가지 마십시오. 그러한 느낌이 남아 있는 한 그렇게 하십시오. 당신으로 침묵의 상태에 그대로 있게 하시는 분은 바로 주님이십니다.

주님 앞에서 기다리는 느낌이 다 지나가면, 다시 주기도문으로 돌아와서 다음 구절로 넘어가십시오.

"뜻이 하늘에서 이루어진 것같이 땅에서도 이루어지이다."

이 구절을 기도할 때에는 자신을 주님 앞에서 낮추면서, 주님의 모든 뜻이 당신 안에서, 그리고 당신을 통하여 이루어지기를 간절히 기도하십시오. 당신의 마음을 그분의 손에 완전히 내어 드리십시오. 당신의 자유도 주님의 손에 완전히 내어 드리십시오. 주님이 기뻐하시는 대로 당신을 인도하실 수 있도록 권리를 내어 드리십시오.

당신은 하나님의 뜻이 무엇인지 알고 있습니까?

주님의 뜻은 주님의 자녀들이 주님을 사랑하는 것입니다. 그러므로 당신이 "주님, 주님의 뜻을 이루소서."라고 기도하는 것은, 실제로 당신이 주님을 사랑할 수 있도록 허락해 달라고 기도하는 것입니다. 그러므로 주님을 사랑하기 시작하십시오! 또한 그렇게 하면서 주님께 주님의 사랑을 주시기를 간구하십시오.

제가 바로 위에서 설명한 모든 것은 아주 달콤하게, 그리고 기도 전체에 걸쳐서 전반적으로 경험하게 될 것입니다.

이제 또 다른 가능성에 대해서 살펴보겠습니다.

목자이신 주님께 나아가기

당신이 주님과 함께 있는 동안 주기도문을 따라서 기도하고 싶지 않을 경우도 있습니다. 어쩌면 당신은 목자로서의 주님께로 나아가고 싶을 수도 있습니다.

그렇다면 실제로 꼴을 얻기 위하여 목자를 찾는 한 마리 양으로서 주님께 나아가십시오.

주님께로 나아가면서 다음과 같은 말씀을 드려 보십시오. "오, 우리를 사랑하시는 목자여, 주님은 주의 양떼를 당신 자신으로 먹이시오니, 주님은 정말로 저의 양식이니이다."

주님께 당신의 모든 필요를 가지고 나아가는 것은 당연한 일입니다. 그러나 그 어떤 필요를 가지고 나가든지 다음 한 가지 사실을 믿으십시오. 즉 하나님은 바로 당신 안에서 발견된다는 사실입니다.

저는 당신이 기도에 대해서 어떤 정해진 방식이나, 의식을 갖고 있을 수도 있다고 생각합니다. 그러나 당신이 지금까지 배워서 익숙해져 있는 의식이라는 무거운 짐에 눌려서는 안 됩니다.

같은 기도의 반복이나 암송한 기도문들을 사용할 필요는 없습니다. 그 대신 제가 여기서 설명하고 있는 방식처럼 주기도문을 반복하기만 하십시오. 그렇게 하면 당신의 삶 속에 풍성한 열매를 맺게 될 것입니다.

사랑하는 하나님의 자녀들이여, 하나님이 어떠한 분이신지에 대한 당신의 생각은 사실 아무것도 아닙니다. 하나님이 어떤 분이신지에 대해서는 상상하려고도 하지 마십시오. 오히려 단순히 그분이 임재해 계신다는 사실을 믿기만 하십시오.

하나님이 어떤 일을 하실지에 대해서도 결코 상상하려고 하지 마십시오. 하나님을 당신의 개념에 맞아 들어가도록 할 수 있는 방법은 영원히 없습니다.

그렇다면 어떻게 해야 할까요? 당신의 가장 내적인 존재, 즉 심령 가운데 계신 주님을 바라봄으로써 예수 그리스도를 볼 수 있게 되기를 구하십시오.

의사이신 주님께 나아가기

이제는 당신이 주님과 깊은 만남을 시작할 수 있는 또 하나의 방법을 살펴보는 것으로 이 장을 마무리하려 합니다.

당신은 주님을 당신의 의사 되시는 분으로 바라봄으로써 주님께 나아갈 수 있습니다. 주님이 친히 치료해 주시도록 당신의 모든 질병들을 주님께 가져오십시오.

그러나 주님께 나올 때 초조하거나 불안한 마음으로 나오지는 마십시오. 주님께 나아갈 때, 때로는 잠시 멈추기도 하십시오. 주님 앞에서 잠잠히 기다리는 그 시간은 점점 늘어가게 될 것입니다!

더 나아가서 기도할 때 당신의 노력은 점점 줄어들 것입니다. 마침내 주님이 당신(당신의 기도)을 완전히 사로잡으시며, 당신 속에서 일하시는 하나님께 지속적으로 당신(당신의 기도)을 맡겨 드리게 되는 순간이 찾아오게 될 것입니다.

당신도 알게 되겠지만, 아주 간단하게 시작했던 것이 점점 크게 자라날 것입니다! 그것은 점점 자라나서 당신과 하나님 사이의 매우 실제적이며 생명과도 같은 관계를 이루게 할 것입니다.

주님의 임재하심을 진정으로 경험하게 되면, 당신이 실제로 주님의 임재와 함께 찾아오는 이러한 침묵 상태와 평화로운 안식을 좋아하기 시작했다는 사실을 발견하게 될 것입니다.

주님의 임재하심은 놀라운 기쁨입니다.

주님의 임재하심이라는 이 경이로운 기쁨은 이제 당신을 기도의 또 다른 차원으로 나아가도록 인도해 줄 것입니다!

다음 장에서는 이와 같이 기도의 두 번째 단계에 대해서 살펴보기로 하겠습니다.

기도의 두 번째 단계도 모든 믿는 사람, 즉 학자들뿐만 아니라 소박한 사람들도 마찬가지로 체험할 수 있는 깊은 기도입니다.

4

한층 더 깊은 믿음과 고요함의 체험

기도하기 위하여 주님께 나아갈 때에는 순결한 사랑, 즉 그 자체를 위해서는 아무것도 구하지 않는 사랑으로 가득 차 있는 마음을 가지고 나아가십시오. 주님께 아무것도 구하지 말고, 다만 주님을 기쁘시게 하며, 그분의 뜻을 행하기 원하는 마음으로 나아가십시오.

이제 당신은 '성경으로 기도하기', '주님 바라보기' 혹은 '주님의 임재하심 속에서 기다리기' 등에 대해서 어느 정도 이해했을 것입니다.

지금부터는 당신이 주님께로 나아가는 이 두 가지 방법을 실천해 왔다고 가정하겠습니다. 이러한 방법들에 대하여 서툴렀던 초기의 단계를 거쳐서 이제는 실제적으로 이것들을 경험하는 자리에 이르게 되었다고 가정해 봅시다.[2]

---

[2] 사랑하는 독자여, 그 어떤 것도 이 책을 끝까지 읽는 것을 방해하지 못할 것입니다. 그러나 특별히 이 4장은 1-3장을 통하여 견실한 기초를 확립한 바로 당신을 위한 것입니다. 이 4장에는 많은 시간을 들이기 바랍니다.

이제는 주님과의 한층 더 깊은 체험의 단계, 즉 한층 더 깊은 단계의 기도에 대해서 생각해 보겠습니다. 어떤 사람들은 이 두 번째 단계를 '믿음과 고요함의 체험'이라고 부르기도 하고 또는 '단순한 기도'라고 부르기도 하는데 저는 후자를 더 좋아합니다.

쏟은 향기름 같은 주님의 이름

성경을 따라 기도하는 방법과 주님의 임재하심을 느끼는 가운데 조용하게 기다리는 것에 익숙해져 있고 이러한 방법들 자체가 당신의 삶의 일부가 되었다면, 이미 당신은 주님께 나아오고 또한 주님의 임재하심을 느끼는 것이 처음보다 훨씬 쉬워졌다는 사실을 발견하게 될 것입니다.

그러나 앞에서 언급한 것들이 이제 막 그리스도를 알아가기 시작하는 사람을 대상으로 언급한 것임을 다시 한 번 상기시켜 주고 싶습니다.

처음 시작할 때에는 흩어지는 생각들을 불러 모으는 것이 아주 어렵고, 또한 지속적으로 그 생각을 당신의 영으로 향하게 하는 것도 어려운 일이었습니다.

그러나 이제는 이러한 문제들이 조금씩 더 자연스럽고, 단순해지게 되었습니다. 따라서 지금은 기도가 아주 즐거운 일일 뿐 아니라 쉽고 감미로우며 자연스럽게 되었습니다.

당신은 기도가 하나님을 찾아 만나는, 참되며 실제적인 방법이라는 사실을 점점 더 인식하게 되었을 것입니다. 당신이 주님을 만나게 되었다면 기쁨에 가득 차서 그의 "이름이 쏟은 향기름 같다"(아 1:3)라고 선포하며 외칠지도 모릅니다.

당신은 제가 이렇게 성공적인 방법을 계속 시행해 나가라고 할 것이라고 생각할지도 모릅니다. 그러나 저는 당신의 방향을 조금 바꾸라고 권하고 싶습니다.

그러면 당신은 한 번 더 실망하게 될 수도 있습니다. 주님을 만나기 위하여 새로운 방법을 시작하는 초기에는 언제나 약간의 어려움을 겪게 된다는 의미입니다.

그러므로 저는 당신이 출발하는 이 시점부터 계속하여 믿는 마음을 가질 것을 권합니다. 절대로 낙심하지 마십시오. 당신이 주님과 깊은 관계로 들어가려고 하는 이 길에는 약간의 어려움이 있을 것입니다.

한층 더 깊은 체험의 단계

이제 이런 문제들은 접어 두고 기도의 새로운 단계에 대하여 살펴보겠습니다.

무엇보다도 믿음으로 주님 앞에 나아가십시오.

주님 앞에 있을 때에, 당신의 생각이 모아져 완전히 고요한 상태에 이르게 될 때까지 계속해서 당신의 의식을 내부로, 즉 심령으로 집중시키십시오. 드디어 모든 의식이 당신의 심령에 집중되고 생각이 주님께 고정되었다면, 이제는 그분 앞에서 고요한 상태를 유지하면서 거기에 그대로 있으십시오.

아마도 당신은 주님의 임재하심을 느끼고, 그 느낌 속에서 기쁨을 누리게 될 것입니다. 그러한 상태에 들어갔다면 그 어떤 것도 생각하거나 말하지 마십시오!

주님의 임재하심에 대한 느낌이 지속되는 한 그 속에 그대로 머물러 있으십시오. 당신의 모습 그대로 주님 앞에 머무르십시오.

마침내 주님의 임재하심에 대한 의식이 감소되기 시작할 것입니다. 이때에는 주님께 사랑의 고백을 드리거나 주님의 이름만 부르십시오. 믿는 마음으로 조용히, 그리고 온유한 심정으로 그렇게 하십시오. 그렇게 함으로써 당신은 다시 한 번 더 주님의 임재하심의 감미로움에 들어가게 될 것입니다!

당신은 방금 전 경험한 아주 큰 즐거움을 누리던 곳으로 다시 돌아가 있는 자신의 모습을 발견하게 될 것입니다.

당신이 다시 그분의 충만하신 임재하심으로 돌아가 있다면, 그분 앞에서 잠잠히 있으십시오. 주님이 가까이 계시는 동안에는 다른 곳으로 이동하려고 해서는 안 됩니다.

무슨 뜻일까요? 그것은 당신 안에 있는 어떤 불이 희미해지기도 하고 크게 타오르기도 한다는 것입니다.

그 불길이 희미해질 때에는 다시 부드럽게 그 불길을 불러일으켜야 합니다. 그러나 부드럽게 해야 합니다. 그리고 그 불꽃이 다시 일어나면 곧바로 모든 노력을 중지해야 합니다. 그렇지 않으면 당신은 그 불길을 꺼트리게 될 것입니다.

이것이 기도의 두 번째 단계, 즉 예수 그리스도를 깊이 경험하는 두 번째 단계입니다.

이러한 시간이 다 끝나가는 순간이 되었다 하더라도 언제나 주님 앞에 잠시 고요한 상태 그대로 있으십시오.

또한 모든 기도가 믿는 마음으로 끝나야 한다는 사실도 매우 중요합니다. 기도에 관계된 그 어떤 것보다도 더 중요한 것은 믿는 마음을 가지고 기도해야 한다는 것입니다.

주님께 나아가는 이유

이 4장을 마감하기 전에 주님을 구하며 찾는 마음속의 동기에 대하여 잠시 이야기하고 싶습니다.

주님께 나아가는 이유가 무엇입니까? 주님 앞에서 갖게 되는 감미로움을 찾아서 주님께 나아갑니까? 주님의 임재하심 속에 들어가 있는 것이 즐거운 일이기에 주님께로 나아갑니까? 당신에게 더 고상한 길을 제시하겠습니다.

기도하기 위하여 주님께 나아갈 때에는 순결한 사랑, 즉 그 자체를 위해서는 아무것도 구하지 않는 사랑으로 가득 차 있는 마음을 가지고 나아가십시오. 주님께 아무것도 구하지 말고, 다만 주님을 기쁘시게 하며, 그분의 뜻을 행하기 원하는 마음으로 나아가십시오.

예를 들어 종을 생각해 보겠습니다. 종은 주인을 세심하게 보살핍니다. 종이 단지 어떤 대가를 받기 위하여 그렇게 한다면, 그 종은 생각해 줄 가치가 없습니다.

사랑하는 그리스도인이여, 이와 마찬가지로 당신이 기도하기 위하여 주님께 나아올 때에, 어떤 영적인 즐거움을 얻기 위해서 나오지는 마십시오. 주님을 체험하기 위해서라는 목적도 가지고 나오지 마십시오.

그렇다면 무엇일까요?

단지 주님을 기쁘시게 해드리기 위해서 나아오십시오.

당신이 기도하기 위해서 주님 앞에 나아왔을 때에, 주님이 어떤 큰 축복을 쏟아 부어 주신다면 그것을 받으십시오. 그러나 마음이 산란해진다면 그것도 받아들이십시오. 또한 기도하기가 어렵다면 그것도 받아들이십시오.

주님이 무엇을 주시고자 하더라도 그것을 기쁜 마음으로 받아들이십시오. 어떤 상황이 생기든 그것이 바로 주님이 당신에게 주시려는 것임을 믿으십시오.

반복해 말하는 것은 이것이 너무나 중요하기 때문입니다. 당신이 앞으로 그리스도를 경험하는 데 있어서 조금이라도 성장하기 위해서는 이 문제가 너무나 중요합니다.

어떤 상황이 발생하더라도 그것은 바로 그 시간에 당신을 향하신 주님의 마음이라는 사실을 믿음으로 받아들이십시오.

이 같은 방법으로 주님께 나아온다면, 상황이 어떻든지 당신의 심령에 평온함이 있을 것입니다. 이 같은 태도로 주님께 나아가는 법을 알게 되었다면 주님이 친히 자신을 당신에게 숨기신다 하더라도 당신은 전혀 혼란스러워지지 않을 것입니다. 영적으로 메마른 시기이든 풍성한 시기이든 차이가 없을 것입니다.

당신은 그 두 가지 상황을 모두 같은 것으로 여기게 될 것입니다.

그 이유는 무엇일까요? 그것은 당신이 하나님이 주시는 선물이나, 심지어는 그렇게 소중한 하나님의 임재하심을 누리기 위해서가 아니라 단지 하나님을 사랑하기 때문에 하나님을 사랑하기를 배우게 되기 때문입니다.

5
영적으로 메마른 시기

주 예수께서는 자신을 거두실 때에도 주님께 신실하며 주님을 사랑하는 그리스도인들을 찾으십니다. 주님이 그와 같은 신실한 영혼을 찾아내신다면, 다시 그 영혼을 찾아오실 때에 그 신실함에 대하여 갚아 주십니다. 주님은 그 신실한 사람을 풍성한 선하심과 부드러운 사랑으로 안아 주십니다.

저는 4장에서 '영적으로 메마른 시기'에 관해 언급했습니다. 당신이 1-4장에 있는 신령한 땅을 향해 출발했다면 메마른 시기가 기다리고 있다는 사실을 깨달아야 합니다. 그러므로 여기서는 계속해서 이 주제에 대하여 좀 더 언급하는 것이 지혜로울 것입니다.

때때로 자신을 숨기시는 하나님

사랑하는 독자여, 하나님은 단 한 가지 소원만을 가지고 계시다는 사실을 깨달아야 합니다.

물론 하나님의 뜻이 무엇인지를 이해하지 못한다면 메마른 시기에 관해서 결코 이해할 수 없을 것입니다. 하나님의 소원은 하나님을 정말로 사랑하는 영혼과, 하나님을 간절히 찾는 영혼에게 친히 자신을 주시는 것입니다.

그러나 자신을 주시고자 하시는 하나님이 때로는 당신, 즉 하나님을 찾는 바로 당신으로부터 자신을 숨기신다는 것도 사실입니다.

그렇다면 하나님은 왜 그렇게 하실까요?

당신은 주님의 방법을 알아야 합니다. 하나님은 때때로 자신을 숨기시는 하나님이십니다. 그리고 거기에는 어떤 목적이 있습니다. 하나님이 영적으로 메마른 시기를 허락하시는 목적은 영적인 게으름으로부터 당신을 깨우기 위함입니다. 하나님이 자신을 숨기시는 목적은 당신으로 하나님을 구하도록 하기 위함입니다.

주 예수께서는 자신을 거두실 때에도 주님께 신실하며 주님을 사랑하는 그리스도인들을 찾으십니다. 주님이 그와 같은 신실한 영혼을 찾아내신다면, 다시 그 영혼을 찾아오실 때에 그 신실함에 대하여 갚아 주십니다. 주님은 그 신실한 사람을 풍성한 선하심과 부드러운 사랑으로 안아 주십니다.

이제 이것을 당신이 이해해야 합니다. 당신은 영적으로 메마른 시기를 만나게 될 것입니다. 그것이 주님의 여러 방법 중 하나입니다.

그러나 영적으로 메마른 시기를 만나게 되리라는 사실 자체가 문제가 되는 것은 아닙니다. 중요한 문제는 영적으로 메마른 시기에 당신은 무엇을 해야 하는가입니다.

여기서 당신의 선천적인 성향들에 관해 알아야 합니다.

영적으로 메마른 시기에 주님께 당신의 사랑을 입증하기 위하여 노력하는 것은 당연합니다. 그러한 메마른 시기에 주님께 대한 당신의 충성심 혹은 신실함을 입증하려고 노력할 것입니다. 당신은 있는 힘을 다하여 그렇게 하려고 할 것입니다.

또한 당신은 무의식적으로, 그러한 노력이 주님이 더 빨리 돌아오시도록 설득할 수 있게 되기를 바랄 것입니다.

그러나 그렇지 않습니다. 사랑하는 그리스도인이여, 제 말을 믿으십시오. 그것은 영적으로 메마른 시기에 취해야 할 방법이 아닙니다.

참고 인내하는 사랑의 마음

그렇다면 어떻게 해야 할까요?

참고 인내하는 사랑의 마음을 가지고 사랑하는 주님이 돌아오시기를 기다려야 합니다. 자기를 부인하며, 겸손히 행하는 사랑의 마음으로 그렇게 하십시오.

주님이 친히 자신을 감추셨다고 할지라도 계속해서 주님 앞에 머물러 있으십시오. 주님 앞에 있는 그 자리에서 당신의 사랑의 마음을 주님께 쏟아 놓으십시오. 열정적으로, 그러나 또한 언제나 평온한 마음으로 그렇게 하라는 말을 덧붙이고 싶습니다.

경배와 경외심에서 나오는 침묵 가운데 그분과 함께 시간을 보내십시오. 이러한 자세로 주님을 기다림으로써 당신이 구하는 것은 단지 주님뿐이라는 사실을 보여 드릴 수 있습니다.

당신으로 주님을 사랑하게 하는 것은 주님 앞에 있음으로써 얻는 이기적인 기쁨이 아님을 입증하게 됩니다. 당신에게 동기를 부여하는 것은, 경험하는 기쁨이 아니라 바로 주님께 대한 사랑이라는 사실을 입증하게 되는 것입니다.

영적으로 메마른 시기에 관해서 외경에 기록되어 있는 문구를 살펴보겠습니다.

"영적으로 메마르고 어두운 시기가 임할 때에도 조급해 하지 말라. 하나님의 위로하심이 임하지 않고, 또한 지체된다고 해도 조급해 하지 말라. 오히려 주님께 가까이 나아가서 인내하는 마음으로 주님을 기다림으로써 당신의 삶이 더 풍성해지고 새로워지도록 하라"(외경).

그렇습니다. 사랑하는 하나님의 자녀들이여, 그와 같이 영적으로 메마른 시기에는 기도하면서, 조급해 하지 말고 인내하십시오.

전 생애 동안 기다릴지라도

질문을 한 가지 하겠습니다. 전 생애 동안 주님이 당신에게로 돌아오시기를 기다리면서 보내라고 하신다면 어떻게 하겠습니까? 이것이 남은 생애 전부에 대하여 주님이 당신에게 나눠 주신 분량이라면 어떻게 하겠습니까?

이렇게 하십시오. 겸손하게, 자기를 포기하는 마음으로, 자족하는 마음과 자기를 주님께 완전히 맡기는 심정으로 주님을 기다리십시오. 4장에서 언급한 것과 같은 유형의 경이로운 기도로 시간을 보내십시오. 주님의 임재하심이 당신을 피해 가고 있다 하더라도 생각을 주님의 임재하심에 집중하면서, 조용히 평온한 마음으로 주님께 나아가십시오. 탄식의 기도와 연민의 사랑과, 주님이 돌아오시기를 간절히 사모하는 마음을 모두 가지고 나아가십시오.

이렇게 한다면 하나님의 마음을 크게 기쁘시게 할 것임을 자신합니다. 바로 이러한 자세가 그 어떤 다른 방법보다도 주님으로 당신에게로 더 빨리 돌아오시도록 할 것입니다.

Jeanne Guyon

주님을 깊이 체험하는 일은 모두에게 열려 있는 하나님의 사랑입니다. 그 달콤하며 내밀한 사랑의 기쁨을 음미하고자 한다면 마음 깊숙한 곳으로 들어가십시오. 고요한 내면의 골방에서 주님을 아는, 다함이 없는 풍요로움을 누리십시오.

Part 2

Jeanne Guyon

하나님의 깊이로
이끌려 가는 여정

6
자기 포기

예수 그리스도를 더 깊이 만나는 자리로 들어가기 위해서는 당신의 전 존재를 포기하고 하나님께 맡기기 시작해야 합니다. 자기를 포기하는 것은 내적인 성전, 다시 말해 주님이 임재하시는 장소로 들어가는 문을 여는 열쇠이자 헤아릴 수 없이 깊은 단계로 나아가는 문들을 여는 열쇠입니다. 그러므로 자기를 포기한다는 것은 내적인 영적 생활에 이르는 열쇠입니다.

책의 앞부분에서 예수 그리스도를 깊이 아는 방법에 관해서 이야기했습니다. 우리의 첫출발은 아주 간단했습니다. 먼저 성경을 따라 기도하기와, 또한 단지 주님만 바라보는 단순한 기도에 관해서 살펴보았습니다. 상당히 오랜 기간 동안 이 같은 단계에서 주님을 경험하기를 추구한 후에는 주님을 경험하고 알아가는 더 깊은 단계로 들어갈 준비를 해야 합니다. 그러나 4장에서 살펴본 바와 같이, 주님을 더 깊이 경험하는 단계에서는 단지 기도만 하는 수준에서 벗어나야 합니다. 더 정확히 말하면 기도로 주님과 함께 하기 위해서 하루에 한두 번으로 정해 놓는 시간과 같은 방법에서 벗어나야 한다는 것입니다.

이제는 당신의 마음에, 전 생애에 관하여 전혀 새로운 자세가 생겨나야 합니다. 하루에 한두 번 정도로 정해 놓은 기도 시간의 범주를 벗어나려면, 생활의 다른 부분, 심지어는 당신의 생애에 관한 관점까지도 달라져야 합니다. 이 같은 새로운 자세가 있어야 하는 매우 특별한 이유는 당신이 계속해서 주님을 더 깊이 경험하는 단계로 들어가기 위해서입니다.

자기의 전 존재의 포기

이와 같이 되기 위해서는 주님께 대해서와 마찬가지로 당신에 대해서도 새로운 자세를 가져야 합니다. 이 자세는 당신이 이전에 알고 있던 그 어떤 자세보다도 훨씬 더 깊은 곳에 있습니다.

이 일을 위해 저는 새로운 단어를 하나 소개하겠습니다. 그것은 '자기 포기'입니다. 예수 그리스도를 더 깊이 만나는 자리로 들어가기 위해서는 당신의 전 존재를 포기하고 하나님께 맡기기 시작해야 합니다. 매일의 삶 가운데서 일어나는 일들을 예로 들어 보겠습니다. 당신은 전 생애의 과정뿐 아니라 삶의 매순간, 즉 삶 속에서 일어나는 그 어떤 일이라도 모두 하나님의 뜻과 허락에 의하여 이루어진다는 사실을 절대적으로 믿어야 합니다. 당신에게 일어난 일이 모두 하나님께로부터 온 것이며, 또한 정확하게 당신에게 필요한 것이라는 사실을 절대적으로 믿어야 합니다.

앞장에서 어떻게 그러한 상태에 이를 수 있는지 살펴본 바가 있다는 사실을 기억하고 있습니까? 당신의 모든 기도 시간이 주님과 함께 보내는 아주 영광스러운 시간이든지, 아니면 생각이 이리 저리로 산만해지는 시간이 되든지 간에, 그 시간이 모두 정확하게 주님이 당신에게 주시기 원하는 시간이라는 사실을 받아들임으로써 시작하십시오. 그 다음에는 당신의 삶의 매순간으로 그러한 시각을 넓혀 가십시오!

상황을 그러한 시각으로 바라보고, 또한 주님께 대한 신앙에 대해서도 그러한 시각을 갖게 되면 모든 것에 자족하는 마음을 갖게 될 것입니다. 일단 이 같은 사실을 믿게 되면, 이제 당신은 삶 속으로 들어오는 모든 것을 사람의 손이 아니라 하나님의 손으로부터 오는 것으로 여기기 시작합니다.

당신은 참으로 진지하게 자신을 하나님 앞에 완전하게 포기하여 드리기를 원합니까?

내적 성전의 문을 여는 열쇠

일단 하나님께 당신 자신을 드리면, 그 드린 것을 다시 돌려받을 수 없다는 사실을 다시 한 번 상기해야 합니다. 일단 선물로 드려지게 되면 이제 더 이상 그것은 주는 사람에게 속한 것이 아닙니다. 저는 예수 그리스도를 깊이 경험하는 방법을 알려 주기 위해서 이 책을 썼지만, 예수 그리스도를 깊이 아는 것은 한 가지 방법으로만 되는 것은 아닙니다. 그것은 하나님에 의하여 싸여 있는가, 하나님께 소유되어 있는가의 문제입니다.

우리는 자기 포기에 대해서 이야기를 나누었습니다. 주님을 아는 일에 진보가 있으려면 자기 포기가 가장 중요합니다. 사실 자기를 포기하는 것은 내적인 성전, 다시 말해 주님이 임재하시는 장소로 들어가는 문을 여는 열쇠이자 헤아릴 수 없이 깊은 단계로 나아가는 문들을 여는 열쇠입니다. 그러므로 자기를 포기한다는 것은 내적인 영적 생활에 이르는 열쇠입니다. 자기를 포기하고 주님께 완전히 맡겨 드리는 방법을 아는 그리스도인은 곧 '완전함'에 이르게 됩니다.[3]

당신이 이 같은 상태로 자기를 포기하기에 이르렀다고 가정해 봅시다. 일단 이 같은 상태에 이르게 되었다면 흔들리지 말고 확고하게 그 상태를 유지해야 합니다. 짧은 기간 동안만 그 상태를 유지한다면 그것은 별로 가치 없는 일일 것입니다. 그 상태에 이르는 것과 유지하는 것은 전혀 별개의 문제입니다.

당신의 내면에서 들리는 변명의 소리에 귀 기울이지 않도록 조심하십시오. 당신 속에서 그러한 변명의 소리들이 사라지게 될 것을 기대하십시오. 그러나 당신을 전적으로, 평생 동안 하나님께 포기하고 맡겨 드릴 수 있으며, 또한 하나님은 그러한 상태에 머무를 수 있는 은혜를 주시리

---

[3] 저자가 말하는 완전함이란 죄가 전혀 없는 완전함이 아니라, 절대적으로 완전하게, 언제 어떠한 상황에서든 항상 하나님의 뜻에 일치하게 살아가는 삶, 또한 그렇게 살고자 하는 의지를 가지고 사는 삶을 말합니다.

라는 사실을 믿어야 합니다! 당신은 하나님을 "바랄 수 없는 중에 바라고"(롬 4:18) 믿어야 합니다.

자기 포기의 의미

위대한 믿음은 위대한 자기 포기를 낳습니다.

자기 포기란 무엇일까요? 자기 포기가 무엇인지 이해할 수 있다면 더 쉽게 그러한 덕목을 소유할 수 있습니다.

자기 포기란 자기의 모든 염려를 던져 버리는 것입니다. 자기 포기란 자기의 모든 필요 사항, 즉 모든 문제를 다 떨쳐 버리는 것입니다. 여기에는 영적인 문제까지도 포함됩니다. 이러한 자기 포기는 쉽게 이해되는 것이 아니기 때문에 다시 반복해서 말하겠습니다. 자기 포기란 자신의 모든 영적인 문제들을 영원히 옆으로 제쳐두는 것입니다.

그리스도인들은 모든 영적인 필요 사항들을 가지고 있습니다. 그러나 자기를 주님께 포기하고 맡겨 드린 그리스도인은 더 이상 영적인 필요 사항들을 인식하는 사치를 누릴 수 없습니다. 대신에 자기 자신을 하나님의 처분에 완전히 맡겨 드립니다.

당신은 모든 그리스도인에 대하여 자기 포기가 권고되고 있다는 사실을 알고 있습니까? 주님은 친히 다음과 같이 말씀하셨습니다. "너희 하늘 아버지께서 이 모든 것이 너희에게 있어야 할 줄을 아시느니라……

그러므로 내일 일을 위하여 염려하지 말라"(마 6:32, 34). 또한 성경은 다음과 같이 말합니다. "너는 범사에 그를 인정하라 그리하면 네 길을 지도하시리라"(잠 3:6), "너의 행사를 여호와께 맡기라 그리하면 네가 경영하는 것이 이루어지리라"(잠 16:3). 또한 시편에서도 "네 길을 여호와께 맡기라 그를 의지하면 그가 이루시고"(시 37:5)라고 말합니다.

참된 자기 포기에는 반드시 두 가지 세계, 즉 두 가지의 완전한 영역이 포함되어야 합니다.

당신의 삶에서 모든 외적인 부분, 즉 실제적인 것들과 관계된 자기 포기가 있어야 합니다. 또한 두 번째로는 모든 내적인, 즉 영적인 것들과 관계된 자기 포기가 있어야 합니다. 당신은 주님께 나아와 당신의 모든 관심을 포기하고 내려놓아야 합니다. 이제 당신은 당신 자신에 대해서는 잊게 되고, 그 순간부터 계속해서 주님에 대해서만 생각하게 됩니다.

오랜 기간 동안 이렇게 함으로써 당신의 마음은 어디에도 얽매이지 않은 상태에 있게 될 것입니다. 당신의 마음은 완전히 자유롭고 평안한 상태에 있게 됩니다.

이 같은 자기 포기의 훈련을 어떻게 실시해야 할까요? 매일, 매시간 그리고 매순간 실시하십시오. 자기 포기는 당신의 의지가 하나님의 뜻 안에서 완전히 녹아 없어지는 것이 반복됨으로써 이루어집니다. 즉 당신의 뜻을 하나님의 깊은 뜻에 완전히 던져 넣음으로써 영원히 당신의 뜻이 보이지 않는 상태에 있으라는 것입니다!

하나님이 원하시는 것을 소원하기까지

그러면 어떻게 시작해야 할까요? 개인적인 소원이 떠오를 때마다 그러한 개인적인 소원이 얼마나 좋고, 또한 유익해 보이든 간에 그것을 거부하는 것부터 시작해야 합니다.

자기 포기는 자신에 대해서는 완전히 무관심해질 수 있는 수준에까지 이르러야 합니다. 그러한 상태로부터 아주 놀라운 결과가 생긴다는 사실에 대해 확신을 가져도 좋습니다.

사실 이러한 자세를 갖는다면 가장 경이로운 지점에 이르게 될 것입니다. 그것은 당신 자신이라는 속박으로부터 완전히 자유로워져서, 이제 자유로이 하나님의 뜻에 참여할 수 있게 되는 상태입니다! 당신은 이제 하나님이 원하시는 것만을, 즉 하나님이 영원 전부터 원해 오신 것만을 원하게 될 것입니다.

주님이 원하시는 것이 무엇이고, 그것이 어디로부터 오는 것이며, 또한 그것이 인생에 어떠한 영향을 미치게 되든지, 모든 일에 있어서 단지 주님이 원하시는 것들에 당신을 맡겨 드림으로써 자신을 포기하십시오.

자기 포기란 무엇일까요? 그것은 과거는 잊어버리고, 미래는 하나님께 완전히 맡겨 버리며, 현재의 사안들은 주님께 완전히 바쳐 드리는 것입니다. 자기 포기란 현재 어떠한 상황에 있든지 간에, 그 순간에 대하여 만족하는 것입니다. 당신은 그 순간이 어떠한 상황이든지 간에, 그 순간이 바로 당신에 대한 하나님의 영원하신 계획을 포함하고 있다는 사실을 알기 때문에 만족하게 되는 것입니다.

당신은 언제나 바로 그 순간이 당신에 대한 하나님의 뜻의 절대적이고 전적인 선포라는 사실을 알게 될 것입니다.

그 어느 것에 대해서도 사람을 비난해서는 안 된다는 사실을 명심해야 합니다. 어떤 일이 생긴다 해도 그 일을 야기한 것은 사람이나 주위 환경이 아닙니다. 당신은 모든 것을, 물론 당신 자신의 죄악성을 제외하고, 주님께로부터 오는 것으로 받아들여야 합니다.

주님이 당신에게 행하시는 일에 대해서뿐 아니라 주님이 하시는 일에 대한 반응까지도 주님께 맡겨 드리십시오.

예수 그리스도를 깊이 체험하는 자리로 들어가기 원합니까? 이와 같이 주님을 더 깊이 아는 자리로 들어가기 원한다면 더 깊은 기도뿐 아니라 삶의 모든 영역에서 자기 포기를 알게 되기를 추구해야 합니다. 이것은 당신과 주님과의 관계가, 하루 24시간 동안을 전적으로 포기하고 주님께 맡긴 삶을 살 때까지 그 범위를 넓혀 나가는 것을 의미합니다. 당신을 하나님이 인도해 주시고 돌보아 주시도록 생의 모든 사안을 맡겨 드리십시오. 바로 지금부터 그렇게 하십시오. 주님이 원하시는 대로 하실 수 있도록 당신을 포기하고 내어 드리십시오. 주님을 경험하는 내적인 생활과, 모든 상황을 주님께로부터 온 것으로 받아들이는 외적인 생활에 있어서도 모두 그렇게 하십시오.

7
자기 포기와 고난

당신은 십자가 사랑하기를 배워야 합니다. 십자가를 사랑하지 않는 사람은 하나님의 일을 사랑하지 않는 사람입니다. 십자가를 사랑하지 않으면서 참으로 주님을 사랑한다는 것은 불가능합니다. 십자가를 사랑하는 그리스도인은 그의 인생 행로에 찾아오는 가장 쓴 일도 달콤하게 여길 것입니다.

자기 포기에 대해서 계속해서 이야기하고 싶지만 이 장에서는 인생에 환난이 닥쳐올 때, 자신을 구별하여 드린다는 것이 어떠한 영향을 미치는지 살펴보겠습니다.

갈보리 언덕에서도 변하지 않는 마음

당신은 하나님이 보내시는 모든 환난 가운데서 참고 인내해야 합니다. 주님께 대한 사랑이 순수하다면 당신은 다볼산(변화산)에서와 마찬가지로 갈보리산에서도 똑같은 마음으로 주님을 사랑할 것입니다. 주 예수께서는 친히 그 모습이 영화롭게 변화되셨던 곳인 다볼산에서도 자신의 아버지를 사랑하셨지만, 십자가에 달리시는 갈보리산에서도 자신의 아버지를 결코 그보다 덜 사랑하지 않으셨습니다. 그렇다면 당신은 갈보리산에서도 주님을 똑같이 사랑해야 합니다. 그 이유는 주님이 자신의 사랑을 가장 크게 보여 주신 곳이 바로 그곳이기 때문입니다.

주님께 자신을 포기해 드리는 것에 대하여 실수할 가능성이 있습니다. 당신은 주님이 어루만져 주시며 사랑해 주시고 영적으로 축복해 주시기를 기대하면서 자신을 주님께 드릴 수도 있습니다. 좋은 시기에 자신을 주님께 내어 드린 사람은 혹시 축복과 사랑을 받기 위하여 자신을 주님께 내어 드렸다 하더라도, 그러나 상황이 바뀌어 십자가에 달리게 될 때 자신의 생명을 되돌려받을 수 없다는 사실을 기억해야 합니다.

당신이 십자가에 달려 있을 때에는 사람으로부터 어떤 위로도 받지 못합니다. 십자가를 경험할 때 당신에게 임하는 위로가 있다면, 그것은 주님께로부터 오는 것입니다. 당신은 십자가 사랑하기를 배워야 합니다. 십자가를 사랑하지 않는 사람은 하나님의 일을 사랑하지 않는 사람입니다(마 16:23). 십자가를 사랑하지 않으면서 참으로 주님을 사랑한다는 것은 불가능합니다. 십자가를 사랑하는 그리스도인은 그의 인생 행로에 찾아오는 가장 쓴 일도 달콤하게 여길 것입니다(잠 27:7).

하나님을 조금이라도 사모하는 마음을 가지고 있습니까? 당신이 십자가를 사모하는 만큼 하나님을 사모하는 마음을 갖게 되며, 또한 하나님을 만나게 될 것입니다. 하나님은 우리에게 십자가를 주시고, 십자가는 우리에게 하나님을 줍니다. 이것이 주님의 참된 영적 원리입니다.

당신도 아는 바와 같이 이제 우리는 기도를 위하여 하루에 몇 번 정도 별도의 시간을 정해 놓는 수준을 벗어나 있습니다. 또한 그리스도인의 생활 전체를 포함하는 수준으로 들어가고 있습니다. 여기서 분명히 해 둘 것이 있습니다. 삶 가운데서 십자가를 체험하는 것이 무엇인지에 대한 실제적인 진보가 있을 때에 비로소 당신의 내적인 삶에도 영적인 진보가 있습니다. 그리스도께 자신을 포기해 드리는 것과 십자가를 체험하는 것은 언제나 함께 이루어집니다.

십자가를 내가 지고

그렇다면 고난의 문제를 어떻게 처리해야 할까요? 주님이 당신의 삶에 주시는 십자가에 대하여 어떻게 반응해야 할까요?

그 어떤 형태로든 고난이 닥치면 바로 그 순간 당신 안에서 당연히 저항감이 솟아오르게 될 것입니다. 그 순간이 오면 즉시 자신을 완전히 하나님께 내어 드리십시오. 그 문제를 받아들이십시오. 바로 그 순간 자신을 주님께 제물로 완전히 내어 드리십시오. 이렇게 함으로써 마침내 놀라운 사실을 발견하게 됩니다. 즉 당신의 삶에 십자가가 찾아올 때에, 그것이 처음에 걱정했던 바와 같이 그렇게 부담스러운 것은 아니라는 사실입니다. 십자가가 어떤 것이든 하나님께로부터 온 것으로 받아들이십시오. 그렇게 하면 그 짐이 훨씬 더 가벼워집니다.

십자가를 이러한 자세로 받아들일 때 훨씬 더 가벼워지는 이유는 무엇일까요? 그것은 당신이 그 십자가를 소원하게 되며, 또한 모든 것을 주님의 손으로부터 온 것으로 받아들이는 일에 익숙해지기 때문입니다.

오해하지 말기 바랍니다. 지금 당신에게 십자가로부터 도망치는 방법을 설명하는 것이 아닙니다. 자신을 철저하게 포기하여 주님께 맡겨 드리고, 찾아온 고난에 자신을 내맡긴다고 하더라도, 즉 그 고난을 주님의 뜻으로 알고 그것을 완전히 받아들인다고 하더라도, 그것이 당신으로 하여금 십자가의 무게를 느끼지 못하도록 하지는 않을 것입니다.

당신이 십자가를 느끼지 못한다면, 그것은 고난이 아닙니다. 고난의 아픔을 느끼는 것이 바로 고난을 구성하는 중요한 부분 가운데 하나이기 때문입니다. 고통은 십자가에 있어서 피할 수 없는 국면입니다. 고통이 없다면 십자가도 없습니다. 십자가의 길은 고난으로 짜여 있습니다. 고통은 고난을 알게 되는 중심부에 위치해 있습니다. 주님은 십자가가 줄 수 있는 가장 심한 폭력을 선택하셨다는 사실을 기억하십시오.

때로는 연약할 때 십자가를 지게 될 것이고, 때로는 힘 있게 십자가를 지기도 할 것입니다. 연약한 모습으로 지든지 힘 있는 모습으로 지든지 어쨌든 십자가를 지십시오. 우리에게는 둘 다 마찬가지입니다. 그것은 우리가 바로 하나님의 뜻 안에서 십자가를 지고 있기 때문입니다.

8

자기 포기와 계시

당신이 자기를 포기함으로써 받게 되는 계시는 단지 지식으로서가 아니라 실체로서 임하게 될 것입니다. 예수 그리스도께서 실제로 당신의 영혼에 친히 자신을 도장 찍으시는 것입니다. 주님이 당신에게로 오실 때마다 주님은 언제나 당신에게 주님 자신의 속성에 대하여 새롭고, 전과는 다른 흔적, 즉 도장들을 남겨 두시게 됩니다.

계속해서 자기 포기라는 문제를 살펴보겠습니다.

어떤 사람은 이런 질문을 합니다. "제가 제 자신을 전적으로 주님께 포기해 드린다면, 그것은 제가 예수 그리스도의 새로운 계시를 전혀 받지 못하게 된다는 뜻입니까?"

실체로 임하는 계시

자기 포기가 계시를 종결시킬까요?

아닙니다. 그렇지 않습니다. 그와는 정반대로 자기 포기는 하나님이 당신에게 계시를 주시기 위하여 사용하시는 방법입니다. 당신이 자기를 포기함으로써 받게 되는 계시는 단지 지식으로서가 아니라 실체로서 임하게 될 것입니다. 이것은 자기 포기라는 방법을 통해서만 가능합니다.

당신이 누구를 위해 자신을 포기하는지 기억해야 합니다. 당신을 포기해 드리는 대상은 바로 주 예수님이십니다. 당신이 하나님께로 나아가는 유일한 길로 따르게 될 분도 바로 주님이십니다. 또한 당신이 진리로 듣게 될 분도 바로 주님이시며, 생명을 받게 될 것도 바로 주님으로부터입니다(요 14:6).

당신이 주님을 유일한 길로 여기고 따르면 진리이신 주님의 말씀을 듣게 되며, 생명이신 주님은 당신에게 생명을 주십니다.

당신에게 계시가 임하면 어떤 일이 생겨나게 됩니다. 예수 그리스도께서 실제로 당신의 영혼에 친히 자신을 도장 찍으시는 것입니다. 주님이 당신에게로 오실 때마다 주님은 언제나 당신에게 주님 자신의 속성에 대하여 새롭고, 전과는 다른 흔적, 즉 도장들을 남겨 두시게 됩니다. 곧 당신에게는 주님의 속성에 대한 여러 가지 표현들이 생겨나게 됩니다.

예수님의 흔적

아마도 당신은 예수 그리스도에 대한 다양한 체험들을 '생각해야 한다.'라는 말을 들었을 것입니다. 그러나 예수 그리스도에 대한 이러한 체험을 '당신 안에 지니는 것'이 훨씬 더 좋은 일입니다.

　이것이 바로 바울의 생애였습니다. 그는 그리스도의 고난에 대하여 묵상하지 않았습니다. 또한 그는 주님의 몸에 있는 고난의 흔적들에 대해서 깊이 생각하지도 않았습니다.

　오히려 바울은 자기의 몸에 주님에 대한 체험을 지니고 있었습니다! 심지어 바울은 다음과 같이 말하기도 했습니다. "내가 내 몸에 예수의 흔적을 지니고 있노라"(갈 6:17).

　바울의 이 말이 그러한 흔적들에 대하여 깊이 생각하는 것을 의미했을까요? 그렇지 않습니다. 예수 그리스도께서는 친히 자신으로 바울에게 도장을 찍으셨던 것입니다.

　주님은 외적으로나 내적으로 모든 것을 완전하게 포기하여 드린 그리스도인을 찾아내시면 바로 그 사람에게 주님 자신의 속성에 대한 특별한 계시를 주십니다. 당신의 경험이 이러하다면 감사하는 마음으로 그 계시를 받아들이십시오.

흑암이든 광명이든

　주님이 당신에게 특별한 계시를 주신다고 해봅시다. 그에 대한 당신의 자세는 어떠해야 할까요? 다른 모든 것을 주님께 받을 때와 마찬가지의 자세로 그것을 받아들여야 합니다.

하나님이 친히 자신에 대하여 어떠한 계시를 주셨던 그리스도인들이 있습니다. 그 계시는 그들에게 수년 동안 기쁨을 가져다주었습니다.

환언하면 주님은 때때로 당신에게 친히 자신에 대하여 아주 힘 있는 한 가지 계시, 즉 바로 그 한 가지 진리를 경험하는 것이 여러 해 동안 큰 힘이 될 수 있을 정도의 아주 힘 있는 계시를 주시기도 하십니다.

그러한 기간에는 당신이 내적으로 점점 더 하나님께로 이끌리게 됩니다. 이것은 놀라운 일입니다. 당신은 그 계시가 계속되는 한 그 계시에 충실해야 합니다.

그러나 그 계시가 사라지기 시작할 때에는 어떤 일이 일어날까요? 그 계시가 전과 같지 않게 더 이상 아무런 즐거움도 가져다주지 않게 되면 어떻게 해야 할까요?

그와 같은 체험을 중단시키시는 것도 하나님의 최선의 결정입니다.

그렇다면 이에 대한 당신의 자세는 어떠해야 할까요?

당신은 그것이 거두어지는 것에 대해서도 자유롭게 받아들여야 합니다. 그 체험에 대해서는 생각하지 마십시오. 주님은 좀 더 깊고, 좀 더 핵심적인 이해의 자리로 인도하기를 원하십니다. 모든 것을 같은 자세로 받아들이십시오.

계시의 문제에 있어서도 당신 자신을 포기해 드리십시오. 언제든 주님의 뜻처럼 보이는 것은 그것이 무엇이든 자신을 포기하고 완전히 맡겨 드릴 준비를 하십시오.

열정적으로 주님을 따라가고 언제나 주님과 함께 거하려는 마음 이외에는 어떤 소원도 갖지 마십시오. 주님 안에서 언제나 당신을 완전히 비운 상태로 내려간다는 것이 무엇을 의미하는지를 배우십시오.

그렇게 했으면 이제 주님이 주시는 것이면, 그것이 흑암이든 광명이든 모두 받아들이기를 배우십시오. 열매가 있는 삶이든 메마른 삶이든 모두 동일한 자세로 임하십시오.

연약함이든 강함이든, 혹은 달든 쓰든, 유혹이나 산란해짐, 고통, 피곤, 혹은 불확실함이나 축복이든 모든 것을 주님의 손으로부터 오는 것으로 받아들여야 합니다. 그 어느 것도 잠시라도 당신의 행진을 지연시켜서는 안 됩니다.

이해할 수 없는 계시

계시에 대하여 마지막으로 한마디 하겠습니다.

주님은 당신이 이해할 수 없는 계시를 주기도 하십니다. 그 경우에도 낙심하지 마십시오. 걱정할 이유가 전혀 없습니다. 그저 주님을 사랑하기만 하십시오. 이러한 사랑에는 주님께 대한 모든 종류의 헌신이 포함됩니다.

당신이 하나님께, 그리고 오로지 하나님께만 당신 자신을 완전히 포기하고 맡겨 드렸다면, 예수 그리스도께서 친히 그 속성의 모든 충만함으로 당신에게 나타나시는 것을 보게 된다고 해도 문제 될 것은 전혀 없습니다. 주님에 대한 그러한 계시의 의미는 매우 분명할 것입니다.

그러나 그러한 계시의 어떤 부분들의 의미는 그렇게 분명하지 않을 수도 있습니다. 그러한 부분들에 대해서도 모두 똑같은 자세로 받아들이십시오.

하나님을 사랑하는 사람이라면 누구나 하나님께 속해 있는 모든 것을 사랑하게 됩니다. 당신이 이해하는 계시와 마찬가지로 이해하지 못하는 계시에 대해서도 기쁨을 발견하게 될 것입니다.

주님을 사랑한다는 것은 주님에 관한 모든 것을 사랑한다는 뜻입니다.

9

자기 포기와 거룩한 삶

경건이란 하나님께로부터 나오는 어떤 것입니다. 주님을 경험하는 이 간단한 방법을 충실하게 배워 나간다면 당신은 하나님을 소유하게 될 것입니다. 하나님을 소유하게 됨에 따라 하나님의 모든 속성들을 상속받게 될 것입니다. 이것이 바로 경건입니다. 하나님을 소유하면 할수록 더욱더 하나님을 닮아 가게 됩니다.

하나님 앞에서 지속적으로 자신을 포기한 상태로 행하면 어떤 결과가 생길까요? 궁극적인 결과는 경건입니다. 하나님과의 이런 관계를 삶의 일부로 만들었다면, 당신은 쉽게 경건에 이르게 됩니다.

경건의 의미

경건은 무엇을 의미할까요? 경건이란 하나님께로부터 나오는 어떤 것입니다. 주님을 경험하는 이 간단한 방법을 충실하게 배워 나간다면 당신은 하나님을 소유하게 될 것입니다. 하나님을 소유하게 됨에 따라 하나님의 모든 속성들을 상속받게 될 것입니다. 이것이 바로 경건입니다. 하나님을 소유하면 할수록 더욱더 하나님을 닮아 가게 됩니다.

그러나 그것은 당신 안에서 자라나는 경건이어야 합니다. 경건이 당신 속에서부터 나오지 않는다면 그것은 단지 가면에 불과합니다. 외적 모습 뿐인 경건은 의복처럼 변할 수 있습니다. 그러나 경건이 당신의 깊은 곳에 있는 생명, 즉 생명 되신 예수 그리스도(요 14:6)로부터 생겨나서 당신에게 임한 것이라면, 그 경건은 실제적이며 지속적일 뿐 아니라 정말로 주님의 본질입니다. "왕의 딸은 궁중에서 모든 영화를 누리니"(시 45:13).

경건에 이르는 길

그렇다면 경건에 이르는 방법은 무엇일까요?

자기 자신을 완전히 포기하고 예수 그리스도께 맡겨 드리기를 배워 가고, 또한 완전히 포기하고 맡겨진 삶을 살아가는 그리스도인은 최고 수준의 경건을 실천하고 있다고 할 수 있습니다.

그러나 그 사람 자신이 어떤 영성을 소유하고 있다는 주장은 결코 들어 보지 못할 것입니다. 그 이유는 무엇일까요? 그것은 그 그리스도인이 하나님과 전적으로 연합되어 있기 때문입니다. 그 그리스도인으로 그와 같이 철저하게 경건을 실천하는 삶을 살도록 인도하시는 분은 바로 주님이십니다.

주님은 자신을 철저하게 주님께 포기하고 맡긴 성도를 사랑하십니다. 주님은 그 그리스도인이 주님 이외의 어떤 것으로도 기쁨을 갖지 못하도록 하십니다.

그렇다면 우리가 경건에 도달하는 데 필요한 것은 단지 자기 포기뿐일까요? 그렇지 않습니다. 그러나 지금까지 언급한 모든 사항들을 충실하게 따라간다면 경건이 임하게 될 것입니다. 그러나 자기를 포기하는 삶 속에는 고난이 포함되어 있다는 사실을 잊지 마십시오. 경건이라는 금을 추출해 내는 것은 바로 고난의 불입니다.

당신이 이 길을 원하지 않을까봐 두려워하지 마십시오. 제가 지금 말하는 수준의 체험에서는 고난을 굶주리듯이 사모하는 마음을 갖게 됩니다. 그러한 그리스도인들은 주님께 대한 사랑의 마음으로 불붙게 됩니다. 급기야 그들은 자신을 아주 심한 훈련, 심지어는 과도한 자기 포기에 빠지게 할 것입니다.

일단 그리스도인의 마음에 그러한 사랑이 불타오르면, 그 사람은 어떻게 하면 사랑하는 주님을 기쁘시게 해드릴 것인지에 대해서만 생각하게 됩니다. 주님을 사랑하므로 자신에 대해서는 관심을 기울이지 않기 시작합니다. 아니 그것을 훨씬 더 넘어섭니다. 심지어 그는 자신에 대해서는 완전히 잊어버리게 됩니다. 주님께 대한 그의 사랑이 점점 더 커짐에 따라 자신의 삶에 대해서는 미워하는 마음이 커지게 됩니다.

이 길을 배우기 바랍니다.

오, 주님의 자녀들이 이와 같이 간단한 기도의 방법, 즉 주님을 체험하는 이 쉬운 방법을 습득하게 된다면, 하나님의 온 교회는 쉽게 개혁될 것입니다.

이 같은 기도 방법, 즉 주님과의 이와 같이 단순한 관계는 모든 사람에게 다 적합합니다. 교육을 잘 받은 사람들뿐 아니라 우둔하고 배우지 못하여 무식한 사람들에게도 적합합니다. 이러한 기도, 즉 아주 간단하게 시작되는 이 체험은 자신을 전적으로 주님께 포기하여 맡겨 드리는 사랑으로 귀결됩니다.

여기에는 단 한 가지가 요구되는데, 그것은 사랑입니다.

아우구스티누스(Aurelius Augustinus)는 다음과 같이 말했습니다. "사랑하라. 그리고 무엇이든 원하는 대로 하라." 당신이 사랑하기를 배운다면 사랑하는 분의 마음을 상하게 하는 일은 생각도 하지 않을 것이기 때문입니다.

10

내면에 거하는 삶

당신의 오감을 극복하는 유일한 방법은 당신의 영혼으로 하여금 완전히 내적으로 당신의 심령을 향하도록 하여, 거기에 계시는 하나님을 소유하는 것입니다. 당신의 영혼이 안으로 향할 때, 실제로는 당신의 영혼이 외적인 감각들로부터 단절되는 것입니다. 이제 당신의 영혼은 안으로 향하여 하나님의 임재로 가까이 나아가기를 배우게 됩니다.

바로 앞장에서 주님과 절대적인 사랑의 관계에 있는 그리스도인은 사랑의 대상의 마음을 상하게 하는 일은 생각도 하지 않게 된다는 말로 결론을 내렸습니다. 계속해서 여기서는 당신의 감각과 욕망을 전적으로 다스리고 승리하는 것은 자기 포기에 의해서만 가능하다는 사실을 말하려 합니다.

욕망에서 승리하는 법

그 이유는 무엇일까요? 사실 그 이유는 매우 분명합니다. 무엇보다도 먼저 당신의 가장 내적인 부분들이 어떻게 움직이는지에 대해서 이해해야 합니다.

당신의 오감(五感)은 그 생명과 에너지를 어디로부터 얻고 있습니까? 바로 당신의 영혼으로부터입니다. 당신의 오감에 생명과 에너지를 공급해 주는 것은 바로 당신의 영혼입니다. 당신의 감각이 자극을 받아 깨어나면 그 다음에는 그 감각들이 당신의 욕망을 자극하게 됩니다.

오감과, 그 감각들의 자극을 받아 깨어나는 열정과 욕망에 대하여 어떻게 우리는 철저한 승리를 이야기할 수 있을까요?

육체가 죽어 있다면 느낄 수도 없고 아무런 욕망도 생기지 않을 것입니다. 죽은 육체가 욕망을 갖지 못하는 궁극적인 이유는 무엇일까요? 그것은 그 육체가 영혼으로부터 단절되어 있기 때문입니다. 다시 반복하지만 당신의 감정과 감각들은 영혼으로부터 그 힘을 공급받습니다.

그리스도인들은 자신의 욕망을 극복하기 위하여 많은 방법을 모색해 왔습니다. 아마도 가장 일반적인 방법은 훈련과 자기 부인일 것입니다. 그러나 얼마나 강하게 자기를 부인하든, 그것이 결코 당신의 감각을 완전하게 다스리지는 못합니다.

그렇습니다. 자기를 부인하는 것은 문제의 해답이 아닙니다.

사실 자기 부인이 효과가 있는 것처럼 보일지라도, 그것이 이룬 성과는 단지 그 욕망들의 외적인 표현을 바꾸는 것뿐입니다.

당신이 외적인 문제들을 다루고 있을 때, 실제로 하고 있는 일은 영혼을 당신의 영으로부터 점점 더 밖으로 멀리 몰아가는 것입니다. 당신의 영혼이 점점 더 이 외적인 것들에 의식을 집중하면 할수록 당신의 영혼은 그 영혼의 중심과 안식처로부터 점점 더 먼 곳으로 떨어져 나가게 됩니다!

이러한 유형의 자기 부인의 결과는 당신이 추구하는 것과는 정반대의 것이 되고 맙니다. 불행하게도 이것은 그리스도인이 인생을 표면적인 수준에서만 살아가게 될 때 언제나 일어나는 현실입니다.

외적인 천성에서 나오는 욕망들을 깊이 생각하면, 즉 그 욕망들에 의식을 집중하면 그 욕망들은 점점 더 살아나게 됩니다. 그러한 욕망들은 다스려지는 것이 아니라 오히려 점점 더 큰 힘을 얻게 될 것입니다.

이러한 모든 사실로부터 자기 부인은 육체를 약화시킬 수는 있지만 감각의 예민성을 제거할 수는 없다는 결론을 내릴 수 있습니다.

내적 명상

그렇다면 희망은 무엇일까요?

오감을 정복하기 위한 한 가지 방법이 있는데, 그것은 내적인 명상입니다. 달리 말하면 당신의 오감을 극복하는 유일한 방법은 당신의 영혼으로 하여금 완전히 내적으로 당신의 심령을 향하도록 하여, 거기에 계시는 하나님을 소유하는 것입니다.

당신의 영혼의 모든 의식과 에너지는 밖으로가 아니라 안으로 향해야 합니다! 즉 안으로 향하여 그리스도께로 집중되어야지, 밖으로 향하여 당신의 감각들로 집중되어서는 안 됩니다.

당신의 영혼이 안으로 향할 때, 실제로는 당신의 영혼이 외적인 감각들로부터 단절되는 것입니다. 일단 오감이 당신의 영혼으로부터 단절되면 이제 더 이상은 아무런 의식의 집중도 받지 못하게 됩니다. 생명의 공급이 차단되는 것입니다! 당신의 오감은 힘을 잃게 됩니다.

이제는 영혼의 진로를 따라가 보겠습니다.

이제 당신의 영혼은 안으로 향하여 하나님의 임재로 가까이 나아가기를 배우게 됩니다. 당신의 영혼은 자신으로부터 점점 더 멀리 분리되어 나갑니다.

당신은 강력하게 안으로 이끌려지는 것, 즉 당신의 심령 안에서 하나님을 찾게 되는 것을 경험하게 되며, 또한 바깥 사람(the outer man)은 아주 약해져 가는 것을 느끼게 됩니다.

그러므로 당신의 주된 관심은 예수 그리스도의 임재하심에 있게 됩니다. 당신의 주된 관심은 당신 안에 계신 하나님에 대하여 지속적으로 묵상하고 생각하는 데 있습니다.

그렇게 되면 이제는 자기를 부인하는 것과 '육체의 일을 벗는 것' 등에 대해서 특별하게 생각하지 않더라도 하나님이 친히 당신으로 자연스럽게 육체를 다스리는 경험을 하게 해주실 것입니다!

당신은 다음과 같은 사실을 확신하게 됩니다. 즉 자기 자신을 주님께 믿음으로 맡겨 드린 그리스도인은 또한 자신이, 모든 것을 다스리기 전에는 쉬지 않으시는 하나님을 붙들고 있다는 사실을 발견하게 된다는 것입니다!

주님은 당신의 인생에서 죽어야 할 것은 모두 죽이실 것입니다.

하나님께 고정된 시선

그렇다면 당신에게 요구되는 것은 무엇일까요?

당신이 해야 할 일이란 의식을 최대한 하나님께 고정시킨 상태에 확고하게 머물러 있는 것입니다. 하나님이 친히 모든 일을 완전하게 하실 것입니다. 사실 모든 사람이 엄격하게 외적인 자기 포기를 실천할 수 있는 것은 아니지만 자기 안으로 향하여 자신을 전적으로 하나님께 포기하여 드리는 것은 모든 사람이 할 수 있는 일입니다.

사실 바쁘게 돌아가는 당신의 상상력은 보고 듣는 것들로 인해 상상할 새로운 주제를 지속적으로 공급받습니다. 그러한 것들은 생각이 계속해서 한 주제에서 다른 주제로 뛰어 옮겨 다니게 합니다. 그러므로 당신이 보고 듣는 것에 대해서는 훈련해야 할 여지가 있습니다.

그러나 안심하십시오. 하나님이 이 모든 것에 대해 가르쳐 주실 것입니다. 당신이 해야 할 일이란 단지 하나님의 영을 따르는 일일 뿐입니다.

제가 이 장에서 지금까지 설명해 온 방법을 따르면 두 가지 큰 유익을 얻게 됩니다.

첫째, 무엇보다도 당신이 외적인 대상들로부터 멀어짐으로써 지속적으로 하나님께 점점 더 가까이 나아가게 되는 유익을 얻게 됩니다. 하나님께 가까이 나아가면 갈수록 하나님의 속성을 더 많이 받게 됩니다. 하나님의 속성을 더 많이 받으면 받을수록 당신은 그분의 붙들어 주시는 능력을 더 많이 받게 됩니다.

둘째, 당신이 주님께로 더 가까이 나아갈수록 죄로부터 점점 더 멀어지게 되는 유익을 얻게 됩니다. 따라서 단지 내적으로 당신의 심령으로 향함으로써 주님께로 가까이 나오게 되고, 다른 모든 것으로부터는 멀리 떨어지는 습관이 생기기 시작할 것입니다.

11

깊은 중심을 향해 나아가는 삶

당신의 영혼을 깊은 내적인 곳에 지속적으로 머무르게 함에 따라, 하나님께서는 자석처럼 끌어당기는 속성이 있다는 사실을 발견하게 될 것입니다. 주님은 당신을 점점 더 주님 자신에게로 자연스럽게 끌어당기십니다. 당신의 영혼은 점차적으로 그것의 고유한 중심, 즉 하나님을 향하여 나아가게 됩니다. 영혼이 중심으로 이끌려 가기 위해서는 사랑의 무게라는 힘 외에 그 어떤 다른 힘도 필요하지 않습니다.

지난 장에서는 외적인 감각의 문제들을 다루는 일을 논의했습니다. 결론은 다음과 같습니다. 욕망이 일어날 때에는 언제든지, 가볍게 당신 안에 계신 하나님께로 돌아감으로써 그러한 감정들을 억제할 수 있습니다. 끊임없이 일어나는 당신의 감각들을 막기 위한 그 외의 방법들은 그러한 감각들을 더욱 자극하기만 할 뿐입니다.

깊은 중심을 향해 나아가려는 경향

주님을 더욱 깊이 아는 이 단계로 들어오면, 마침내 제가 '중심 지향의 법칙'(the law of central tendency)이라고 부르는 한 가지 원칙을 발견하게 될 것입니다. 중심 지향의 법칙이란 무엇일까요? 당신의 영혼을 깊은 내적인 곳에 지속적으로 머무르게 함에 따라, 하나님께서는 자석처럼 끌어당기는 속성이 있다는 사실을 발견하게 될 것입니다! 하나님은 마치 자석과도 같은 분이십니다! 주님은 당신을 점점 더 주님 자신에게로 자연스럽게 끌어당기십니다.

그 다음 발견하게 될 것은, 당신이 가장 깊은 중심을 향하여 나아감에 따라 주님은 또한 당신으로부터 주님께 속하지 않은 모든 것을 제하여 깨끗하게 하신다는 것입니다.

이 같은 예는 자연에서도 찾아볼 수 있습니다. 대양을 관찰해 보십시오. 대양의 물이 증발하기 시작합니다. 그 다음에는 수증기가 태양을 향하여 올라가기 시작합니다. 수증기가 지구를 떠날 때에는 불순물로 가득 차 있습니다. 그러나 그 수증기는 위로 올라가면서 점점 더 정화되고 순수해집니다.

수증기가 한 일은 무엇일까요? 수증기는 아무것도 하지 않았습니다. 단지 수동적인 상태로 있었을 뿐입니다. 수증기가 위로 올라가면서 정화 작용이 일어났던 것입니다!

당신의 영혼과 수증기 사이에는 다른 점이 하나 있습니다. 수증기는 단지 수동적일 뿐이지만, 주님이 친히 당신을 이끄실 때에는 자발적으로 주님께 협조할 수 있는 특권이 당신에게 있다는 것입니다.

일단 영혼이 당신 안에 계시는 하나님께로 향하면, 계속해서 안으로 향해 있는 것이 쉽다는 사실을 발견하게 됩니다. 당신이 안으로 오랫동안 향할수록 하나님께 더욱더 가까이 나아가게 되고, 또한 주님께 더 굳게 붙어 있게 됩니다.

물론 하나님께 더 가까이 이끌림을 받으면 받을수록 당신의 자연적인 바깥 사람, 즉 자연인의 활동으로부터는 점점 더 멀어지게 됩니다. 그러면 자연인은 당신이 내적으로 하나님께로 이끌림을 받는 것에 대하여 대단히 반대할 것입니다.

그럼에도 불구하고 결국에는 당신이 안으로 향해 있는 것이 기정 사실이 되는 순간이 올 것입니다. 그 순간부터는 주님 앞에서 사는 것이 자연스러워질 것입니다. 과거에는 존재의 표면적인 수준에서 사는 것이 자연스러웠지만 이제는 주님이 거하시는 곳인 당신 존재의 중심에서 사는 것이 습관이 될 것입니다.

당신은 하늘로 올라가는 수증기와 같다는 사실을 상기시켜 주고 싶습니다. 당신 스스로 노력함으로써 이 같은 일들이 일어날 수 있다고 생각해서는 안 됩니다. 당신이 할 수 있는 유일한 일, 즉 시도해야 할 유일한 일이란 자신의 의식의 방향을 외적인 대상들에서 당신 안의 심령으로 돌이키는 것입니다. 당신이 해야 할 일이란 지극히 작을 뿐이지만 그 한 가지가 바로 당신이 할 수 있는 일입니다! 그만큼은 하나님의 은혜에 협력할 수 있는 것입니다.

하나님의 인력(引力)

그러나 계속해서 주님을 굳게 붙들고 있는 것 이상으로 할 수 있는 일은 없습니다. 주님을 경험하여 나아가는 이 같은 과정의 시초에는 이 모든 일이 약간은 어렵게 보일지 모릅니다. 그러나 의식의 방향을 안으로 바꾸는 이러한 일들이 아주 쉬워지리라는 확신을 가지십시오. 당신은 아주 자연스럽게, 그리고 노력도 들이지 않고 영적인 진보를 이루어 나가게 될 것입니다.

다시 말하지만 이것은 하나님께 자석과 같이 끌어당기는 힘이 있기 때문입니다. 하나님은 당신 안에 계시면서 언제나 당신을 하나님께로 끌어당기십니다.

자연 가운데서도 이러한 원칙을 발견할 수 있습니다. 어느 것이든지 그것의 중심에는 아주 강한, 끌어당기는 힘이 작용합니다. 영적인 영역에서는 더욱 그러합니다. 인간의 존재의 중심에는 이와 같이 끌어당기는 힘이 존재합니다. 그 힘은 아주 강력하여 저항할 수 없습니다. 또한 모든 사람에게는 자신의 중심과 결합하고자 하는 아주 강한 경향이 있습니다. 이 중심이 인간을 안으로 끌어당길 뿐 아니라, 인간 자체도 중심을 향하여 나아가려는 경향이 있는 것입니다!

당신이 그리스도 안에서 점점 더 완전해짐에 따라 안으로, 주님께로 이끌리는 경향도 점점 더 강해지며 더 활발하게 작용하게 됩니다.

영혼의 걸림돌

그러면 이와 같이 중심을 향하여 나아가려고 하는 경향을 늦추는 것은 무엇일까요?

외적인 대상, 즉 당신 자신과 내적인 자석, 즉 그리스도 사이에는 장애물이 존재합니다. 무엇이든 그 중심을 향하여 방향을 돌이킬 때 방해받지 않으면, 그것은 아주 빠른 속도로 중심을 향하여 돌진합니다.

돌멩이를 예로 들어 보겠습니다. 돌멩이를 손에서 떨어뜨리면 어떻게 됩니까? 그 돌은 즉시 그 돌이 취해졌던 곳인 땅으로 떨어집니다. 원래의 근원지로 돌아갑니다. 그것은 불과 물도 마찬가지입니다. 그러한 것들은 언제든지 그 자체의 중심으로 돌아가려고 합니다.

당신의 영혼도 한번 안쪽으로 방향을 돌이키기 시작하면 이 같은 중심 지향성의 법칙 아래 들어가게 됩니다. 당신의 영혼도 역시 점차적으로 그것의 고유한 중심, 즉 하나님을 향하여 나아가게 됩니다. 영혼이 중심으로 이끌려 가기 위해서는 사랑의 무게라는 힘 외에 그 어떤 다른 힘도 필요하지 않습니다.

모든 것을 하나님께 맡기고 마음의 평안을 유지하면 할수록 당신은 하나님께로 더 빨리 나아가게 됩니다. 자신의 노력을 기울이려는 열심으로부터 자유로워지면 자유로워질수록 주님을 향하여 더 빨리 나아가게 될 것입니다.

그 이유는 무엇일까요? 그러한 과정에 당신을 끌어당기는 하나님의 에너지가 있기 때문입니다. 하나님의 이러한 에너지가 전혀 방해받지 않을 때 하나님은 친히 원하시는 대로 완전히 자유롭게 당신을 끌어당기십니다.

예수 그리스도는 당신의 영혼에 대하여 아주 강한 자석과도 같은 분이십니다. 그러나 당신에 대해서만 자석이 되십니다. 그분은 불순물들(부정함들)과 또한 그러한 불순물들과 섞여 있는 혼합물들을 끌어당기지는 않으십니다. 불순물은 그 무엇이든 주님의 끌어당기는 힘의 완전한 작용을 막습니다.

당신의 영혼에 섞인 것이 없다면 당신의 영혼은 즉시로 당신 안에 계시는 전능하시고 거역할 수 없는 하나님께로 돌진하듯이 달려가 그 하나님 안에 당신을 완전히 파묻게 될 것입니다. 그러나 많은 물질적인 소유나 다른 것들의 무거운 하중을 가지고 있다면, 이러한 자력(磁力)은 크게 방해받게 될 것입니다. 많은 그리스도인들은 이 세상의 어떤 부분이나 자아의 어떤 부분을 아주 꽉 붙들고 있어서, 중심을 향해서는 달팽이같이 느릿느릿 나아가면서 전 생애를 소비해 버리고 있습니다.

때로는 주님이 넘치는 사랑으로 당신이 들고 있는 무거운 짐을 격렬하게 쳐서 부수어뜨리신다는 사실에 대하여 하나님께 감사하십시오. 당신이 얼마나 많은 방해를 받아왔는지 깨닫게 되는 것은 바로 이때입니다.

영혼의 수동적인 상태

사랑하는 그리스도인이여, 단지 모든 것이 떨어져 나가도록 놓아두기만 하십시오.

어떻게 그렇게 할 수 있을까요? 당신의 손을 자아로부터 떼기만 하면 됩니다. 당신의 손을 다른 모든 사람과, 그리고 모든 것으로부터 떼십시오. 물론 그것은 희생을 의미합니다. 심지어 그것은 십자가에 못 박히는 것이라고까지도 불릴 수 있을 것입니다. 그러나 그러한 희생과 부활 사이에 단지 아주 짧은 공간만이 있을 뿐이라는 사실을 알게 되면 당신은 깜짝 놀라게 될 것입니다!

영혼이 완전하게 수동적인 상태를 유지한다는 것이 옳은 일일까요?

어떤 사람들은 제가 지금까지 언급해 온 바와 같이 하나님이 친히 자신의 뜻을 그 영혼에 두고 행하시기 전에 먼저 그 영혼이 죽어야 한다, 즉 생명 없는 물체와 같이 죽어야 한다고 생각하는 것 같습니다. 그러나 사실은 정반대입니다.

영혼의 주요소는 의지이며, 따라서 영혼은 하나님만을 전적으로 기다리면서 중립적이며 수동적인 상태가 되고자 하는 의지를 가지고 있어야 합니다. 당신은 이 같은 전적인 수동의 상태, 즉 아무것도 하지 않고 하나님을 기다리는 이 같은 상태가 사실은 의지의 최고 활동이라는 사실이 깨달아집니까?

영혼이 다음과 같이 말하는 소리를 들으십시오.

"저는 제 존재의 모든 힘을 다하여 제 속에서 하나님의 소원이 성취되기를 원합니다. 저는 저를 완전히 소유하시려는 하나님의 소원을 위하여 저의 모든 활동과 힘의 사용을 중단하고 있는 상태로 이 자리에 있기를 원합니다."

이와 같이 했다면 실제로는 당신의 영혼이 의지력을 가능한 한 최고의 수준으로 발휘할 것입니다. 그 영혼은 다른 의지, 즉 하나님의 의지에 자신의 의지를 전적으로 굴복시키는 행동을 취할 것입니다!

사랑하는 독자여, 당신의 방향을 내적으로 돌이키고, 심령 속에 거하는 방법을 배우는 일에 모든 의식을 집중시키십시오. 지금까지 겪은 그 어떤 어려움으로 인해 낙심하지 마십시오. 이제 곧 하나님이 풍성한 은혜를 주실 것이며 따라서 이 모든 일이 쉬워질 것입니다.

여기서 한 가지 충고를 덧붙이려고 합니다. 성실한 마음과 겸손한 자세를 가지고, 외적인 산란함과 일들로부터 당신의 마음을 떼어 놓는 일을 계속하십시오. 언제나 지속적으로 평온하고 자비로운 사랑의 마음을 가지고 당신의 중심이신 하나님께로 돌아가는 습관을 만들어가십시오.

12

내면에서 시작되는 지속적인 기도

심령의 내적인 삶은 기습이나 폭력으로 차지할 수 있는 것이 아닙니다. 그러한 내적인 왕국은 평화의 장소입니다. 그곳은 사랑으로만 얻을 수 있습니다. 이 고요한 안식의 장소 너머에는 또 다른 경험이 있는데, 그것은 쉬지 않는 지속적인 기도의 체험입니다. 그 기도는 내면으로부터 나와서 밖으로 작용하여 당신의 전 존재를 채우며 침투해 들어갑니다.

지금까지 말한 것을 충실하게 따라왔다면, 주님이 점차 당신의 전 존재를 소유해 나가고 계시다는 사실을 깨닫고 놀라게 될 것입니다.

이 책은 단지 즐거움을 위해서 쓴 것이 아니라는 사실을 상기시켜 주고 싶습니다. 또한 이 책은 단지 기도의 방법만을 제시해 주는 책도 아닙니다.

이 책의 목적은 주 예수께서 당신을 완전히 소유하실 수 있는 방법을 제시하는 것입니다.

말로 표현할 수 없는 축복의 시작

주님이 이렇게 하심에 따라, 즉 당신을 완전하게 소유해 나가심에 따라 주님의 임재를 경험하게 되는 기쁨을 누리기 시작할 것입니다. 당신은 이 같은 주님의 임재가 아주 자연스럽게 다가온다는 사실을 발견하게 될 것입니다. 결국은 당신이 처음에 시작했던 기도와, 또한 그 기도와 함께 찾아오는 주님의 임재가 모두 일상 생활의 한 부분이 될 것입니다.

전과 같지 않은 특별한 안정감과 평온함이 점차 당신의 영혼을 덮게 될 것입니다. 당신의 모든 기도와 모든 생활이 새로운 수준에 들어가기 시작할 것입니다.

이 새로운 수준이란 무엇일까요?

그것은 침묵으로 이루어지는 기도입니다. 하나님은 이러한 침묵 속에서 당신에게 깊고 내적인 사랑을 부어 주십니다. 이러한 사랑이란 당신의 전 존재를 채우며 스며들어가는 체험입니다.

이 같은 경험, 즉 이러한 만남은 묘사할 방법이 없습니다. 단지 저는 주님이 당신의 가장 깊은 곳으로 부어 주시는 이러한 사랑이 말로 표현할 수 없는 축복의 시작이라고만 말하고 싶을 뿐입니다. 이 작은 책에서 주님과의 관계에서 당신이 경험할 수 있는 무한한 수준의 체험, 즉 하나님과의 이 같은 만남으로 인하여 맛보게 되는 무한히 계속되는 체험의 단계들에 대하여 일부라도 이야기할 수 있게 되기를 바랍니다.

그러나 이 소책자는 신앙의 초보들을 위하여 저술한 것이라는 사실도 상기해야 합니다. 그러므로 저는 이러한 더 깊은 체험들에 대해서는 앞으로 당신에게 이야기해 줄 수 있는 날이 있을 것이라고 기대합니다.

자기 노력의 중단

그러나 한 가지를 이야기하고자 합니다. 주님께 나아올 때, 주님 앞에서 고요한 마음을 갖는 것을 점차적으로 배워 나가기 바랍니다.

당신이 할 수 있는 가장 중요한 일들 가운데 하나는 자신의 노력을 모두 중단하는 것입니다. 하나님은 그러한 방식을 통하여 모든 일을 친히 하실 수 있습니다. 시편 기자는 주님에 대해 이야기하면서 "너희는 가만히 있어 내가 하나님 됨을 알지어다"(시 46:10)라고 말합니다.

이 구절은 당신의 생각에 통찰을 줍니다.

인간의 본성은 자기의 노력에 집착하는 것을 너무나도 좋아하기 때문에 자신의 심령 안에서 어떤 일이 일어나고 있다는 사실을 쉽게 믿을 수 없도록 되어 있습니다. 당신의 이성은 스스로 느끼며 이해할 수 없다면, 당신의 심령이 무엇인가를 경험하고 있다는 사실을 믿기를 거부합니다.

때로 하나님이 당신 안에서 일하고 계시다는 사실을 느낄 수 없는 이유는 그러한 하나님의 일하심의 영역이 당신의 생각이 아니라 당신의 심령이기 때문입니다. 때로는 당신 안에서 일어나는 하나님의 일하심이 아주 빠르지만, 마음은 당신이 영적으로 진보하고 있다는 사실을 깨닫지 못하기도 합니다.

그러나 당신 안에서 일하시는 하나님의 역사가 점점 더 많아지면서 당신의 일들을 완전히 흡수하게 됩니다.

그에 대한 예를 들어 보겠습니다. 밤에는 별들이 아주 밝게 빛납니다. 그러나 해가 떠오르면 별들은 점점 사라지게 됩니다. 그러나 사실, 그 별들은 여전히 그 자리에 있으며, 그 별들이 빛을 발하기를 중단한 것도 아닙니다. 그러나 태양은 그보다 훨씬 더 밝기 때문에 그 별들을 볼 수 없는 것입니다.

영적인 문제에 있어서도 마찬가지입니다. 당신의 영혼의 더 작은 빛을 다 흡수해 버리는 강하고 전 우주적인 빛이 있습니다. 그 빛보다 작은 당신의 빛들은 점점 희미해져 가다가 결국에는 당신의 성령님의 강렬한 빛 아래서 완전히 사라지게 됩니다. 이제 더 이상은 당신 자신의 활동이 두드러지게 나타나거나 눈에 띄지도 않게 됩니다.

자신의 노력은 하나님의 역사하심에 완전히 파묻혀 사라지게 됩니다.

살아 있는 침묵

때로는 다음과 같은 질문이 제기됩니다. "이러한 기도의 체험은 하나의 활동이 아닙니까?"

그러나 먼저 그러한 기도의 체험이 있었더라면 그러한 질문은 하지도 않았을 것입니다.

이러한 기도의 체험, 즉 예수 그리스도와의 더 깊은 체험을 얻기 위하여 어떤 노력을 한다면, 당신은 영혼의 상태에 관한 이해와 빛으로 충만하게 될 것입니다. 당신의 영혼이 활동을 하지 않는 것이 아니라, 즉 최소한 영적으로 메마르거나 부족해서가 아니라 엄청난 풍부함으로 인하여 잠잠해지는 것입니다.

이 같은 경험이 있는 그리스도인은 이것을 이해할 것이며, 이러한 침묵이 풍요롭고 풍성하며 살아 있는 침묵이라는 것을 깨닫게 될 것입니다! 이러한 침묵은 가득 차 있는 창고로부터 나오는 침묵입니다!

침묵을 유지하는 사람들에는 두 가지 부류가 있습니다. 첫 번째는 말할 것이 없는 사람이고, 두 번째는 말할 것을 너무나 많이 가지고 있는 사람입니다. 주님과의 깊은 만남을 경험하는 경우는 후자의 경우에 해당됩니다.

침묵은 말할 것이 없어서가 아니라 말할 것이 너무나 많은 데서 연유합니다. 목이 말라서 죽는 것과 물에 빠져 죽는 것은 전혀 별개의 문제입니다. 그러나 두 가지 경우 모두 원인은 물에 있습니다. 하나는 물이 없어서이고, 하나는 너무나 많은 물이 죽음을 유발하는 경우입니다.

감미로운 안식

그리스도에 대한 이 같은 체험은 간단한 기도 방법에서 시작합니다. 그러나 그 체험은 기도로부터 점진적으로 진행되어 나갑니다. 이러한 체험은 그 충만한 은혜가 자아의 활동을 완전히 중단시킬 때까지 계속됩니다. 그러므로 가능한 한 고요한 상태를 유지하는 것이 왜 그렇게 중요한지 깨닫게 될 것입니다.

이에 대한 예를 다시 들어 보겠습니다. 아기가 태어나면 그 아기는 입술을 움직여 엄마의 젖을 빱니다. 그러나 일단 젖이 나오게 되면 아기는 더 이상 노력을 하지 않고 단지 흘러나오는 젖을 삼키기만 하면 됩니다. 만일 아기가 어떤 노력이라도 계속한다면, 아기 자신을 상하게 할 뿐 아니라 젖을 흘려버리게 되며 따라서 젖먹이는 일도 중단되어야 합니다.

기도에 있어서 당신의 자세도 그와 같아야 합니다. 당신도 처음에는 특별히 이와 같이 해야 합니다. 언제나 부드럽게 빨아들이십시오. 그러나 일단 주님이 당신의 심령으로부터 영혼으로 흘러 들어가시게 되면 모든 활동을 중지하십시오.

어떻게 시작해야 하겠습니까? 입술을 움직임으로써, 주님께 대한 당신의 사랑의 감정을 불러일으킴으로써 그렇게 하십시오. 하나님의 사랑의 젖이 흘러나오자마자 이제는 잠잠히 있으십시오. 아무것도 하지 마십시오. 그 대신 그저 감미롭게 그 은혜와 사랑을 받아들이십시오.

그 은혜, 즉 주님의 사랑에 대한 느낌이 흘러나오는 것이 중단될 때에는, 다시 한 번 더 당신의 감정을 불러들여야 할 때입니다. 어떠한 방법으로 그렇게 할 수 있을까요? 아기가 입술을 움직임으로써 젖을 먹는 것과 마찬가지 방법으로 그렇게 하십시오.

이 모든 시간을 아주 고요한 상태로 보내십시오. 다른 방법으로 주님께 나아간다면, 이 은혜를 가장 잘 이용하는 방법을 놓치게 될 것입니다.

당신도 아는 바와 같이, 주님의 임재하심은 안식이 있는 사랑의 경험을 하도록 하기 위하여 주님이 주신 것입니다. 주님의 임재하심이 당신에게 나타난 것은 당신의 활동을 일으키기 위한 것이 아니라는 사실은 말할 필요도 없습니다.

젖 먹는 어린아이의 예로 다시 돌아가 보겠습니다. 그 아기가 부드럽게, 그리고 아무런 노력도 없이 젖을 완전히 다 먹었다고 해보겠습니다. 이제 어떤 일이 일어날까요? 당신은 아기가 영양을 섭취하는 것과 같이 우리도 수동적인 방법으로 영양분을 얻을 수 있다는 사실을 믿기 어려움을 인정해야만 할 것입니다.

그러나 그 어린아기를 보십시오. 아기는 평온하게 젖을 먹으면 먹을수록 점점 더 잘 자라게 됩니다. 그러므로 이제 한 번 더 질문하겠습니다. 이 아기는 젖을 먹은 후에 어떻게 되겠습니까? 그 아기는 엄마의 가슴에 안겨서 잠이 들게 됩니다.

당신의 영혼도 마찬가지입니다. 그리스도인이 기도 가운데 고요함과 평온함에 이르게 되었다면 종종 그는 신비한 잠에 빠지게 됩니다. 달리 표현하면, 그의 영혼의 능력들이 완전히 안식에 들어가게 됩니다.

바로 여기서부터 한 단계 더 깊은 차원의 체험으로 인도함을 받게 됩니다. 이제 그리스도인은 주님 앞에서 완전한 안식의 경험으로 들어가기 시작합니다. 그의 전 존재가 주님 앞에서 부드럽고 조용하며 평화로운 고요함에 이르게 됩니다. 아무것도 이러한 상태를 방해하지 못합니다. 처음에는 가끔씩 이러한 경험을 하게 될 것입니다. 그러나 마침내는 당신의 영혼이 아주 빈번하게 이러한 안식의 상태를 경험하게 될 것입니다.

다음과 같은 사실을 확신하십시오. 즉 당신의 영혼은 아무 노력이나 기술이 없어도 이러한 경험으로 들어가게 될 것입니다. 당신이 해야 할 일이란 주님이 주님을 체험하는 깊이를 더해주시기를 기다리면서 매일 주님과 함께 하기를 지속하는 것입니다.

내적 왕국에서 시작되는 기도

방금 언급한 내용을 좀 더 자세하게 살펴보겠습니다.

내면적인 삶, 즉 심령의 내적인 삶은 기습이나 폭력으로 차지할 수 있는 것이 아닙니다. 그러한 내적인 왕국, 즉 당신 안의 영역은 평화의 장소입니다. 그곳은 사랑으로만 얻을 수 있습니다.

당신이 제가 지금까지 제시해 온 길을 따른다면, 이 고요한 안식의 자리로 인도함을 받게 될 것입니다.

또한 이 안식의 장소 너머에는 또 다른 경험이 있는데, 그것은 쉬지 않는 지속적인 기도의 체험입니다.

지속적인 기도란 내면으로부터 시작되는 기도를 말합니다. 그 기도는 그곳으로부터 나와서 밖으로 작용하여 당신의 전 존재를 채우며 침투해 들어갑니다. 이것도 어려운 문제는 아닙니다. 사실 하나님은 특별한 것을 요구하지 않으십니다. 하나님은 단순하고 아이 같은 행동을 기뻐하십니다.

이것에 대해서도 역시 자연에서 그 예를 찾아 볼 수 있습니다.

당신이 바다로 나간다고 해보겠습니다. 어떠한 방법으로 바다에 가겠습니까? 먼저 강으로 가서 바다로 나가는 배를 타십시오. 결국 당신은 아무 어려움이나, 자신의 어떤 노력도 없이 바다에 이르게 될 것입니다.

단순한 소로(小路)를 따라

이제 하나님께로 들어가고 싶습니까? 그렇다면 이 소책자의 첫 부분에서 생각해 보았던 내용으로 돌아가십시오. 그와 같은 감미롭고 단순한 길을 따라 가십시오. 계속해서 그 길을 따라 가십시오. 그러면 결국에는 당신이 바라던 목적지에 도달할 것입니다. 당신은 결코 상상해 보지 못했던 빠른 속도로 하나님께 이르게 될 것입니다.

여기에 부족한 것이 있을까요? 전혀 없습니다. 당신은 단지 시도하기만 계속하면 됩니다.

당신이 그러한 최초의 노력을 한다면 제가 처음에 언급해 온 내용들이, 당신 앞에 놓여 있는 발견에 대해 표현하기에는 너무나도 부족하다는 사실을 깨닫게 될 것입니다. 예수 그리스도에 대한 당신의 경험은 이러한 단계를 무한히 넘어서 계속되는 경지로 나아가게 해줄 것입니다.

당신이 두려워해야 할 것은 무엇일까요? 사랑하는 하나님의 자녀여, 왜 당장 자신을 하나님의 사랑의 품에 맡겨 드리지 않습니까? 주님이 십자가 위에서 양팔을 벌리신 유일한 이유는 당신을 품에 안아 주시기 위해서입니다. 당신이 하나님을 의지할 때 따르게 될 위험에 대해서 저에게 말해 보십시오. 당신이 자신을 포기하고 주님께 완전히 맡겨 드린다면 어떠한 위험이 따르겠습니까? 주님은 당신을 속이지 않으실 것입니다. 다시 말해 당신이 지금까지 상상했던 것보다 더 풍성하게 주고자 하시는 것이 아니라면 말입니다.

그러나 자신의 노력으로 모든 것을 주님께 받기를 기대하는 사람들은 주님으로부터 경책을 받게 될 것입니다. "네가 길이 멀어서 피곤할지라도 헛되다 말하지 아니함은"(사 57:10 상반절, 본서의 본문은 "너희의 길이 많음으로 인하여 너희가 피곤하였으나 '우리를 평안함 속에 안식하게 하소서.'라고 하지 않으며"라고 번역되어 있으며, NIV는 "네가 너의 모든 방법으로 피곤해졌으나 그것이 소망이 없다고는 말하려고 하지 않으며"로 되어 있음―역자 주).

13

하나님의 임재하심 안에서 누리는 풍요로움

경건이란 이러한 자리에까지 나아간 그리스도인의 내면으로부터 아주 감미롭고 수월하게 흘러나오는 것이기 때문에, 심지어는 그것이 바로 그 사람으로부터 그렇게 감미롭고 수월하게 흘러나오는 천성처럼 보이게 되는 것입니다. 심령 속의 생수의 샘이 풍성하게 터져 나와서 모든 선한 열매를 맺게 하는 것입니다.

앞장에서는 예수 그리스도를 더 깊은 차원으로 체험하는 데 들어가는 것에 대해 이야기했습니다.

하나님의 임재하심 안에 거하는 삶

이 여정의 시작 단계에서, 당신에게 필요한 유일한 준비란 하나님 앞에서 조용히 기다리는 것뿐이라는 사실을 알게 되었습니다. 새로운 단계의 체험에서도 마찬가지입니다.

여기서 언급하려는 단계의 체험도 더 이상 희귀한 체험이거나, 어쩌다가 경험하게 되는 체험이 아닌 점차적으로 일상적으로 경험하는 일이 될 것입니다.

하나님의 임재하심이 당신에게 쏟아져 들어오게 될 것입니다. 이 체험들이 마침내는 거의 멈춤이 없는 당신의 삶 자체가 될 것입니다.

처음에 시작할 때에는 기도를 통하여 하나님의 임재하심으로 인도받게 되었지만, 기도가 지속적으로 계속됨에 따라서 이제는 실제로 그 기도가 바로 주님의 임재하심 자체로 변하게 됩니다.

실제로 당신과 함께 계속되는 것은 주님의 임재하심입니다. 이것은 기도 이상의 것입니다.

이제는 천국의 축복이 당신의 소유가 됩니다. 당신은 하나님이 당신이 자신에 대해서보다도 더 친밀하게 가까이 계시다는 사실을 발견하기 시작하며, 또한 주님이 임재하심을 아주 크게 의식하기 시작합니다.

앞에서 이러한 경험 하나하나에 대하여 언급하면서, 주님을 찾아 만나는 유일한 길은 모든 의식의 방향을 내면세계로 돌이키는 것이라고 말한 바 있습니다. 당신이 주님을 만날 수 있는 곳은 바로 그곳뿐입니다. 이제 눈을 감자마자 곧 기도로 깊이 들어갈 수 있다는 사실을 알게 됩니다. 당신은 하나님이 당신을 그토록 축복하신다는 사실에 놀랄 것입니다.

그러므로 이제는 당신의 내면세계에서 일어나는 또 다른 경험을 소개하겠습니다.

하나님과의 내적인 대화

당신은 내적으로 하나님과 대화할 수 있는 기능을 가지고 태어났습니다. 이 대화는 아주 즐거운 일이며, 또한 가장 놀라운 것은 그 어떤 외부 환경도 이 대화를 방해할 수 없다는 사실입니다.

이제 처음에 시작한 그와 같이 간단한 기도가 당신을 어떠한 자리에까지 인도해 나갈 수 있는지 알게 되었습니다! 지혜에 관한 다음과 같은 문구는 '단순한 기도'에 적용될 수 있습니다. "모든 좋은 것이 다 그 안(지혜)에 있다"(외경).

또한 그것은 이 같은 더 깊은 체험에 대해서도 언급될 수 있습니다.

경건이란 이러한 자리에까지 나아간 그리스도인의 내면으로부터 아주 감미롭고 수월하게 흘러나오는 것이기 때문에, 심지어는 그것이 바로 그 사람으로부터 그렇게 감미롭고 수월하게 흘러나오는 천성처럼 보이게 되는 것입니다.

심령 속의 생수의 샘이 풍성하게 터져 나와서 모든 선한 열매를 맺게 하는 것입니다.

그렇다면 죄에 대해서는 어떠할까요? 죄는 그러한 그리스도인으로부터는 아주 멀리 떨어져 있는 것처럼 보이기 때문에 죄에 대해서는 거의 의식도 하지 않게 됩니다.

깊은 체험의 고요한 안식

당신이 예수 그리스도를 깊이 경험하는 깊은 체험의 단계에 들어오게 되었을 때에, 환경과 외적인 사건들에 대한 당신의 반응은 어떠해야 할까요?

그저 이 상태에 신실하게 그대로 머물러 있으십시오. 주님 앞에서 조용하게 안식하십시오. 주님 앞에서의 이렇게 간단하고 고요한 안식이 언제나 모든 일에 대한 준비 자세가 되게 하십시오.

당신은 다음과 같은 사실을 명심해야 합니다. 예수 그리스도의 거룩한 임재하심으로 차고 넘칠 때까지 채움을 받으며, 또한 깊은 내면세계에서 주님이 주시는 것은 무엇이든지 받을 준비를 하는 것이 당신의 유일한 목적이라는 것입니다.

14

침묵 가운데 들리는 주님의 음성

예수 그리스도는 영원한 말씀이십니다. 그분만이 생명의 근원이 되십니다. 당신이 새로운 생명을 갖기 위해서는 그분이 당신에게 전달되어야만 합니다. 그분은 말씀을 하실 수 있는 분이고, 따라서 자신의 의사도 전달하실 수 있습니다. 그런데 주님이 당신에게 말씀하시기를 원할 때에는 당신의 관심과 의식을 최대한 주님의 목소리에 집중시킬 것을 요구하셨습니다.

고요한 침묵의 아름다움

이러한 체험의 여정이 우리를 인도하는 곳은 침묵 및 지속적인 기도의 상태입니다.

잠시 다시 앞으로 돌아가서 침묵에 대해 좀 더 자세하게 살펴보겠습니다. 예를 들어, 당신이 처음으로 주님께 나아갈 때 주님 앞에서 고요히 침묵한다는 것이 중요한 이유는 무엇일까요? 그것은 첫째로, 당신의 타락한 본성이 하나님의 속성과는 반대되기 때문입니다. 그 두 가지는 전혀 닮지 않았습니다. 둘째로, 예수 그리스도는 말씀, 곧 말씀하시는 말씀

(the speaking word)이시기 때문입니다. 그분은 말씀하실 수 있습니다. 따라서 우리는 그분의 말씀을 들을 수 있는 것입니다. 그러나 그 말씀이신 예수 그리스도가 받아들여지기 위해서는 당신의 본성이 그분의 속성에 화답하며 반응할 수 있어야 합니다.

이것에 대하여 좀 더 자세히 예를 들어 보겠습니다.

듣는 행위에 대하여 생각해 보겠습니다. 듣는 것은 수동적인 행위입니다. 당신이 무엇이든지 듣기 원한다면 수동적인 귀를 내밀어야 합니다.

예수 그리스도는 영원한 말씀이십니다. 그분만이 생명의 근원이 되십니다. 당신이 새로운 생명을 갖기 위해서는 그분이 당신에게 전달되어야만 합니다. 그분은 말씀을 하실 수 있는 분이고, 따라서 자신의 의사도 전달하실 수 있습니다. 주님은 새로운 생명을 전달하실 수 있습니다. 그런데 주님이 당신에게 말씀하시기를 원할 때에는 당신의 관심과 의식을 최대한 주님의 목소리에 집중시킬 것을 요구하셨습니다.

이제는 성경이 당신에게 그렇게 자주 하나님의 음성을 들으며 그 음성에 귀를 기울일 것을 촉구하는 이유를 알 수 있을 것입니다.

"내 백성이여 내게 주의하라 내 나라여 내게 귀를 기울이라"(사 51:4).

"내게 들을지어다 배에서 태어남으로부터 내게 안겼고 태에서 남으로부터 내게 업힌 너희여"(사 46:3).

14 침묵 가운데 들리는 주님의 음성   117

"딸이여 듣고 보고 귀를 기울일지어다 네 백성과 네 아버지의 집을 잊어버릴지어다 그리하면 왕이 네 아름다움을 사모하실지라"(시 45:10, 11).

침묵의 습관

이 같은 침묵의 습관을 가질 수 있는 방법이 있습니다.

무엇보다도 당신 자신에 대해서는 잊어버려야 합니다. 즉 자신에 대한 관심을 모두 제쳐 두어야 합니다. 둘째로는 주의를 기울여서 하나님의 음성을 들어야 합니다.

이 같은 간단한 두 가지의 행동은 점차적으로 당신 안에서 그러한 아름다움, 즉 예수 그리스도에 대한 사랑을 일으키기 시작할 것입니다. 이러한 아름다움은 주님에 의하여 당신 안에서 생각나게 됩니다.

또 한 가지는 조용한 장소를 찾아보라는 것입니다. 외적인 고요함이 내적인 고요함을 일으키기도 하기 때문입니다. 또한 외적인 고요함은 내적인 고요함이 당신의 삶 가운데 뿌리내리는 것을 도와줍니다.

고요함과 한적한 곳에 있는 것을 좋아하지 않는다면 정말로 내면적인 세계로 방향을 돌린다는 것, 즉 당신이 그리스도께서 거하시는 곳인 당신의 존재의 가장 깊은 곳에 거한다는 것은 불가능한 일입니다.

호세아 선지자가 이 문제에 대하여 아주 잘 언급했습니다.

"내가 그를 타일러 거친 들로 데리고 가서 말로 위로하고"(호 2:14).

당신은 내적으로 완전히 하나님께 사로잡히게 될 것입니다. 물론 당신이 동시에 외적으로 잡다한 일들로 분주하다면 이것은 불가능합니다.

존재의 중심

주님은 당신의 존재의 중심에 계십니다. 그러므로 그분이 바로 당신의 존재의 중심이 되셔야 합니다.

당신의 존재의 중심이신 하나님으로부터 멀어지게 된다면 당신은 무엇을 해야 합니까? 당신을 주님으로부터 멀어지게 하는 것이 당신의 연약함이나 믿음의 부족, 아니면 그 어떤 것이든 그 즉시 다시 한 번 내면세계로 당신의 의식의 방향을 돌이켜야만 합니다.

얼마나 자주 하나님께로부터 멀어지든 간에 계속해서 당신의 내면세계로 의식의 방향을 돌이킬 준비를 하십시오. 의식의 방향이 산란해질 때마다 이러한 방향 전환을 계속할 준비를 하기 바랍니다.

매일 한두 시간 당신의 의식을 주님께로 향하게 하는 것으로는 충분하지 않습니다. 궁극적으로 주님의 기름 부으심과 기도의 영이, 온 종일 당신과 함께 하지 않는다면 내적으로 주님께 향한다는 것은 별로 가치가 없는 일입니다.

15

더 깊고 지고한 회개

훨씬 더 깨끗하며 지고한 회개의 표현, 당신의 노력으로 일으킬 수 있었던 그 어떤 것보다도 더 지고한 회개는 당신 안에 있는 그러한 사랑, 즉 깊은 사랑의 의식입니다. 이러한 사랑은 회개의 다른 모든 감정을 하나로 묶어서, 각각 다른 부분들이 개별적으로 주님께 표현될 때보다 훨씬 더 완전하게 총체적인 회개를 표현하게 됩니다.

이러한 여정을 따르는 삶에서 죄의 고백과, 죄에 관하여 자신의 삶을 살피는 일은 어디에 있어야 하겠습니까? 이 같은 중요한 문제를 어떻게 처리해야 할까요? 자아를 살피고, 죄를 고백하는 문제에 대한 더 분명하고 차원 높은 단계로 넘어가기 위해 이 장을 열어 보겠습니다.

우리의 죄를 조명해 주시는 주님

일반적으로 자기 점검이 언제나 죄를 고백하는 것에 선행되어야 한다고 합니다. 그것이 옳을 수도 있지만, 자기 점검의 방법은 그리스도인으로서 당신이 경험하는 체험 수준에 달려 있습니다.

저는 영적인 상태가 실제로 앞의 여러 장들에서 설명된 단계를 넘어선 그리스도인에게, 죄와 그 고백의 문제를 가지고 주님께 나올 때 다음과 같이 하라고 추천하고 싶습니다. 즉 당신의 전 영혼을 하나님 앞에 열어 놓으십시오. 주님이 당신의 죄에 대하여 분명하게 조명해 주실 것을 확신해도 좋습니다. 당신 안에서 빛처럼 비춰 주실 것이며, 또한 그러한 비추심을 통하여 당신의 모든 잘못을 볼 수 있도록 해주실 것입니다.

그 찬란한 빛, 즉 예수 그리스도께서 당신에게 그리고 당신 안에서 비치게 될 때에는 당신이 그러한 자기 점검 아래 들어가 있다고 말해도 좋을 것입니다. 이런 일이 일어날 때 하나님은 당신 자신을 밝히 볼 수 있도록 해주십니다. 이런 일을 하시는 분은 다른 이가 아니라 바로 주님이시기 때문에, 주님이 당신의 모습을 드러내실 때에 단지 그분 앞에서 평화롭고 고요한 상태를 유지하기만 하면 됩니다.

이 문제에 있어서도 당신의 죄를 드러내시고, 그 죄의 정도를 알려 주시는 주님께 의지하고 자신을 의지하지 마십시오.

다음과 같은 사실을 이해하기 바랍니다. 즉 죄에 대하여 당신을 조명해 주는 것은 당신의 부지런함이나 자신을 살피는 행위가 아니라 오히려 하나님이십니다.

당신이 깨달아야 할 것은, 만일 당신이 그러한 조사를 실행하는 당사자가 되려고 한다면 스스로를 속일 가능성이 아주 많다는 점입니다. 당신은 당신의 참모습을 보지 못하게 할 것입니다. 이것은 당신의 이기적인 사랑의 속성과 관련된 단순한 사실일 뿐입니다.

"(우리는) 악을 선하다 하며 선을 악하다 하며"(사 5:20).

오! 당신이 주님께로 나아갈 때는 그렇지 않습니다. 주님은 아주 철저하고 엄정하며 집요하십니다! 주님 앞에 있다는 것은 의의 태양 앞에 완전히 노출되어 있다는 것입니다. 주님의 신령한 광선은 당신의 가장 작은 결점까지도 다 보이게 합니다. 죄 문제를 처리하는 올바른 방법도 아주 분명해집니다. 당신은 자기 점검이나 죄를 고백하는 일에 있어서도 자신을 포기하고 하나님의 손에 완전히 맡겨 드려야 합니다.

주님께로 돌이키는 체험

그리스도인이 주님과의 영적인 체험을 시작할 때, 지금 설명하고 있는 수준의 체험부터 시작하지는 않습니다. 그러나 다른 한편으로, 그 사람은 이 같은 '단순한 기도'를 통하여, 궁극적으로는 이러한 수준에 이를 수 있습니다.

일단 주님과 그러한 관계를 수립하게 되면, 당신에게 있는 그 어떤 잘못도 하나님의 경책을 벗어날 수 없음을 발견하게 될 것입니다. 예를 들면 당신은 죄를 범하자마자 곧바로 어떤 내적인 의식에 의하여 경책을 받게 됩니다. 그것은 일종의 깊고 내적인 타오름, 일종의 가벼운 혼란스러움일 것입니다. 주님의 꿰뚫는 듯한 눈앞에서는 모든 것이 다 드러나게 됩니다. 주님은 그 어떤 죄라도 숨기우거나 감추어지는 것을 허락하지 않으십니다.

주님이 이러한 관계를 확고하게 세우시면, 그분이 당신을 완전하게 다 알고 계셔서 주님의 빛이 삶 속의 죄를 비출 때마다 당신에게는 택할 길이 한 가지뿐이라는 느낌을 갖게 될 것입니다. 당신이 할 수 있는 일이란 아주 간단히 주님께로 방향을 돌이키는 것이며, 또한 거기서 주님이 부과하시는 모든 고통과 교정의 과정을 참고 견디는 것입니다.

이러한 체험을 계속하십시오. 한동안 이러한 방식으로 주님을 체험한 후에는 주님이 당신의 영혼에 대하여 점점 더 지속적인 심사관이 되실 것입니다. 당신을 심사하는 것은 당신이 아니며, 당신이 당신의 심사관이 아니라는 사실은 일시적이지 않습니다. 그렇게 하시는 분은 언제나 주님이십니다.

이 같은 방식으로 당신을 주님께 포기하여 드리기를 성실하게 계속한다면 주님의 거룩한 빛이, 지금까지 그 어떤 노력으로 할 수 있었던 것보다도 훨씬 더 효과적으로 당신의 마음의 상태를 드러낼 수 있음을 깨닫게 될 것입니다.

더 깊고 지고한 회개

계속해서 죄의 고백에 대하여 좀 더 살펴보겠습니다.

죄의 고백과 회개에 대해서는 좀 더 높은 차원의 이해와 경험이 당신을 기다리고 있습니다. 정말로 당신이 이러한 길을 따르기 원한다면 죄의 고백에 대하여 일반적으로 오해하기 쉬운 문제를 알아야만 합니다.

과거에 당신은 주님께 죄를 고백할 때, 그러한 죄에 대하여 후회하는 마음을 가져 왔을 것입니다. 그러나 그러한 후회의 감정보다 더 깊고 높은 차원의 회개와 고백이 있습니다. 실제로 당신은 그러한 후회의 감정들이 어떤 다른 것, 즉 사랑과 정온함의 감정으로 대치되는 것을 발견하게 될 것입니다. 바로 그러한 사랑과 정온함이 영혼으로 감미롭게 스며들어 오고 영혼을 완전히 사로잡게 되는 것입니다.

감미로운 회개? 사랑과 정온함을 가져다주는 죄의 고백? 이러한 문제에 대하여 가르침을 받은 적이 없다면, 당연히 이 사랑을 받아들이고 싶지 않을 것입니다. 오히려 당신은 하나님 앞에서 슬퍼하며 통회하는 모습을 자아내려는 인간적인 성향을 취하게 될 것입니다.

당신은 종종 죄에 대하여 슬퍼하고 통회하는 마음이 하나님을 기쁘시게 한다는 가르침을 들어 왔습니다. 그것은 사실입니다.

그러나 다음과 같은 사실을 생각해 보십시오. 스스로의 힘으로 통회하는 마음을 일으키려고 노력하는 것은 참된 회개를 놓치게 하기도 합니다. 참된 회개란 무엇일까요? 당신은 실제적이고 참된 회개를 경험해 본 적이 있습니까? 과거를 돌이켜 생각해 보십시오. 당신의 경험이 당신 안에서 쏟아져 나오는 깊은 사랑의 감정이었습니까?

훨씬 더 깨끗하며 지고한 회개의 표현, 당신의 노력으로 일으킬 수 있었던 그 어떤 것보다도 더 지고한 회개는 당신 안에 있는 그러한 사랑, 즉 깊은 사랑의 의식입니다. 이러한 사랑은 회개의 다른 모든 감정을 하나로 묶어서, 각각 다른 부분들이 개별적으로 주님께 표현될 때보다 훨씬 더 완전하게 총체적인 회개를 표현하게 됩니다.

주님이 당신 안에 이러한 관계를 수립하셨으면, 죄에 대하여 스스로 감정을 일으키려고 노력할 필요가 없습니다. 하나님은 그러한 순수한 방식으로 회개의 표현이 일어나도록 친히 역사하십니다.

하나님은 죄를 미워하십니다. 따라서 하나님이 주도하시는 회개는 죄를 하나님이 미워하시는 것처럼 미워하게 만들 것입니다.

하나님이 주도하시는 죄의 고백

사랑하는 여러분, 어떤 회개의 행동에 대하여 염려하거나 너무 열심을 내지는 마십시오. 가장 순결한 사랑은 주님이 당신의 영혼에 역사하실 때 임하는 사랑입니다. 그러므로 주님이 일하시도록 자리를 내어 드리십시오. 당신은 단지 주님이 할당해 주시는 자리에 머물러 있기만 하십시오.

지금까지 설명해 온 체험의 여정을 따르면서 당신의 죄를 기억하는 것이 얼마나 어려운 일인지에 대하여 놀라게 될 것입니다. 당신의 죄를 잊어버릴 수 있을까요? 과연 그것이 올바른 일일까요? 그렇습니다. 그러나 그러한 것이 당신에게 부담을 일으키지 않도록 하십시오. 자신의 죄를 잊게 된다는 것은 그 죄를 씻김받았다는 하나의 증거입니다.

죄를 잊어버린다는 것은 좋은 일입니다. 그러나 가장 좋은 일은 당신을 근심하게 하는 것은 어떤 것이라도 잊어버림으로써 하나님만을 기억할 수 있게 되는 것입니다.

기다림의 미덕

이 장에서는 더 높은 차원의 고백과 더 깊은 차원의 회개의 경험에 관해 언급하고 있다는 사실을 명심하십시오. 그러나 당신이 절대적으로 확신할 수 있는 것은 이 같은 방식으로 체험해 나간다면, 주님은 당신의 죄들이 드러나지 않는 것을 허용하지 않으신다는 사실입니다. 그러나 당신이 직접 죄를 드러내는 작업을 한다면 아주 많은 부분이 발견되지 않고 넘어가게 될 수 있습니다.

그러나 당신을 점검하시는 분이 주님이실 때에는 그렇지 않습니다! 당신과는 달리 주님은 당신의 모든 허물을 드러내십니다. 그러므로 당신을 점검하는 일을 하나님께 맡겨 드리십시오. 스스로의 노력으로 그렇게 하려고 했을 때보다 당신의 마음이 훨씬 더 많이 드러나게 될 것입니다.

사랑하는 독자여, 다음과 같은 사실을 분명히 해두겠습니다. 이러한 교훈들은 아직도 영혼이 활동하는 상태의 단계를 살고 있는 그리스도인에게는 적용되지 않습니다. 아직까지도 활동하는 영혼에는 이러한 교훈들이 적용되지 않습니다. 그러한 단계의 체험에서는 그 영혼이 죄의 문제를 해결하기 위하여 노력하는 것이 대체적으로 옳고 또한 필요한 일입니다.

그리스도인의 영혼은 영적인 진척의 정도에 비례하여 노력을 합니다. 영혼이 영혼의 중심을 향하여 더 많이 나아갈수록, 즉 영혼이 표면으로부터 더 멀리 떨어져 있게 될수록 그 영혼은 능동적인 활동을 점점 더 줄이게 됩니다. 이것은 죄와, 죄 고백의 문제 및 삶에 따르는 다른 모든 문제를 취급함에 있어서도 마찬가지입니다.

이런 진척된 단계에 이르려면, 당신의 상황이 어떻든지 주님께 나아갈 때마다 주님 앞에서 단지 조용히 기다림으로써 시작해야 합니다.

그렇게 함으로써 주님이 당신 안에서 자유롭게 역사하시도록 해드리십시오. 주님은 주님 자신을 가장 잘 받아들일 수 있습니다.

16

기도로 이끄는 성경 말씀

주님께 나와서 성경을 읽기 시작하십시오. 내면세계로 인도함을 받는 것이 느껴지면 곧바로 읽는 것을 중단하십시오. 이제 잠잠히 있으십시오. 한동안 그렇게 있으십시오. 이제 잠시 성경을 읽어 나가십시오. 그러나 조금만 읽으십시오. 하나님이 당신을 내면세계로 좀 더 깊이 이끌어 가시는 것이 느껴질 때마다 성경 읽는 것을 중단하십시오.

앞의 여러 장에서는 그리스도를 더 깊이 체험하는 것에 관하여 언급했었고, 바로 앞 장에서는 죄와 죄 고백의 문제를 다루었습니다. 여기서는 그리스도와의 경험이 더 깊어짐에 따라 그리스도와의 어떤 다른 경험들이 당신을 기다리고 있는지에 대하여 살펴보겠습니다.

먼저 성경에 대해서 생각해 보겠습니다. 당신은 지금까지 언급해 온 것보다 성경을 더 깊은 목적으로 사용할 수 있습니까?

성경 읽기가 기도에 들어가는 길이라는 사실을 기억하기 바랍니다. 또한 읽은 내용이 기도가 될 수 있다는 사실도 기억하기 바랍니다. 성경이 줄 수 있는 것이 또 있습니까? 그렇습니다. 당신은 앞서 언급한 것보다 더 세련된 방법으로 성경을 사용할 수 있습니다. 이제 그 방법에 대해서 살펴보겠습니다. 여기서는 간략하고 실제적인 설명을 하겠습니다.

첫 번째로는 주님께 나아서 성경을 읽기 시작하십시오. 내면세계로 인도함을 받는 것이 느껴지면 곧바로 읽는 것을 중단하십시오. 이제 잠잠히 있으십시오. 한동안 그렇게 있으십시오.

이제 잠시 성경을 읽어 나가십시오. 그러나 조금만 읽으십시오. 하나님이 당신을 내면세계로 좀 더 깊이 이끌어 가시는 것이 느껴질 때마다 성경 읽는 것을 중단하십시오.

이러한 상태 다음에는 무엇이 기대될까요?

때로 당신은 내적인 침묵의 상태를 접하게 될 것입니다. 그러한 경험에 대한 당신의 반응은 어떠해야 합니까?

그 중에 하나는 다음과 같습니다. 더 이상은 소리를 내서 기도해야 한다는 부담을 가지지 마십시오. 이러한 경우에 크게 소리를 내거나 어떤 다른 방법으로 기도하는 것은 내면적인 경험으로부터 당신의 주의를 다른 곳으로 흩어지게 하거나 다시 표면적인 기도로 돌아가게 할 뿐입니다.

당신은 침묵으로 이끌려 들어가게 되고, 따라서 억지로 말을 하려고 할 이유는 없습니다.

말을 하지 않는다면 무엇을 해야 할까요? 아무것도 없습니다! 단지 내면세계의 이끌림에 당신을 맡기기만 하면 됩니다. 당신의 영혼의 호소를

16 기도로 이끄는 성경 말씀

받아들이고 따르기만 하십시오. 당신의 영혼이 당신을 내면세계의 점점 더 깊은 곳으로 이끌어 갈 것입니다.

한마디만 더 하겠습니다.

예수 그리스도를 체험하는 모든 경우에 있어서, 정해진 형식이나 틀, 방법은 멀리하는 것이 가장 지혜로운 일입니다. 그 대신 성령님의 인도하심에 당신을 완전히 맡겨 드리십시오. 영혼의 인도를 따름으로써 이르는 당신과 주님의 만남은, 그 만남의 성격이 어떠하든 모두 완벽한 만남입니다.

17

하나님의 기도

당신의 뜻도 있고 하나님의 뜻도 있습니다. 당신의 계획도 있고 하나님의 계획도 있습니다. 마찬가지로 당신의 기도도 있고 하나님의 기도도 있는 것입니다. 당신은 하나님의 계획에 맞추어야 합니다. 하나님은 당신의 모든 활동을 가져가시고, 그 자리를 자신의 활동으로 대신 채우십니다. 그러므로 그분의 행하심에 맡겨 드리십시오.

간단한 기도라는 방법으로서 시작된 그리스도와의 이러한 체험의 여정을 계속해 나감에 따라 또 다른 체험이 당신을 기다리고 있습니다. 즉 더 이상 간구의 기도를 올릴 수 없는 자신의 모습을 발견하게 된다 해도 너무 놀라지 말라는 것입니다.

당신은 요청하는 기도가 점점 더 어려워지는 것을 발견하게 될 것입니다. 그렇습니다. 과거에는 아주 쉽게 간구와 요청의 기도를 올렸던 것이 사실입니다. 지금까지는 그렇게 기도하는 것이 어려웠던 적이 없었습니다.

그러나 주님과의 이 같은 새로운 관계에서는 기도하는 분은 성령님이십니다! 또한 성령님이 기도하시면서 당신의 연약함을 도우십시다. 성령님이 당신을 위하여 중보 기도를 드리십니다. 또한 그분은 하나님의 뜻에 따라서 기도하십니다.

"이와 같이 성령도 우리의 연약함을 도우시나니 우리는 마땅히 기도할 바를 알지 못하나 오직 성령이 말할 수 없는 탄식으로 우리를 위하여 친히 간구하시느니라"(롬 8:26).

당신의 뜻도 있고 하나님의 뜻도 있습니다. 당신의 계획도 있고 하나님의 계획도 있습니다. 마찬가지로 당신의 기도도 있고 하나님의 기도도 있는 것입니다. 당신은 하나님의 계획에 맞추어야 합니다. 하나님은 당신의 모든 활동을 가져가시고, 그 자리를 자신의 활동으로 대신 채우십니다.

그러므로 그분의 행하심에 맡겨 드리십시오. 하나님이 당신 안에서 친히 의도하시는 일을 하시도록 맡겨 드리십시오.

하나님이 하시는 하나님의 기도에는 또한 하나님의 뜻이 있습니다. 그분이 기도하시게 하십시오.

당신 자신의 기도를 포기하십시오. 당신의 소원과 간구의 내용도 포기하십시오. 물론 당신에게는 의지도 있고 소원과 간구의 제목도 있습니다. 그러나 주님이 하시는 기도 속에서 주님이 친히 뜻하고 소원하는 바를 행사하시도록 맡겨 드리십시오.

이러한 관계는 점점 더 깊어지게 됩니다.

하나님이 하나님의 기도 속에서 발견되는 것을 주장하시도록 하기 위해서 기도를 하는 당신은 모든 집착을 버려야 합니다. 그것은 당신이 원하는 것이라고는 전혀 없는 삶을 살아야 한다는 의미가 아닙니다! 아무것에 대해서도, 그것이 얼마나 좋든, 혹은 얼마나 좋게 보이든 집착하지 마십시오.

Jeanne Guyon

주님을 깊이 체험하는 일은 모두에게 열려 있는 하나님의 사랑입니다. 그 달콤하며 내밀한 사랑의 기쁨을 음미하고자 한다면 마음 깊숙한 곳으로 들어가십시오. 고요한 내면의 골방에서 주님을 아는, 다함이 없는 풍요로움을 누리십시오.

Part 3

Jeanne Guyon

하나님과 하나 됨의 아름다움

18
생각을 산란하게 하는 것들

당신의 존재의 가장 깊은 곳으로부터 멀어지게 하는 것들을 어떻게 처리하고 있습니까? 당신이 죄를 지은 경우라면 또는 단지 당신 주위의 어떤 환경에 의해 생각이 흐트러지는 경우라면 어떻게 해야 할까요? 그 즉시 내면세계의 당신의 영혼으로 돌아가야 합니다. 하나님을 떠났다면 가능한 한 빨리 하나님께로 다시 돌아가야 합니다.

지금까지는 주님을 경험해 나가는 여정 속에서 겪게 될 내용들, 다시 말해 주님이 당신에게 소개하실 내용과 요구하실 내용들에 대하여 살펴보았으므로 여기서는 실제적인 문제를 고찰해 보겠습니다.

앞에서 읽은 대로 주의가 산만해지는 경우가 있습니다. 특히 초기에 그럴 것입니다. 또한 그 후 상당한 기간 동안은 생각의 초점이 기도로부터 흩어져서 산만해지게 될 것입니다.

생각을 산만하게 하는 것들을 당신은 어떻게 해결하고 있습니까? 당신의 존재의 가장 깊은 곳으로부터 멀어지게 하는 것들을 어떻게 처리하고 있습니까? 당신이 죄를 지은 경우라면 또는 단지 주위의 어떤 환경에 의해 생각이 흐트러지는 경우라면 어떻게 해야 할까요?

그 즉시 내면세계의 당신의 영혼으로 돌아가야 합니다. 하나님을 떠났다면 가능한 한 빨리 하나님께로 다시 돌아가야 합니다. 한 번 더 주님과 함께 있으면서 주님이 주시는 그 어떤 벌이라도 받아야 합니다.

그러나 아주 조심해야 할 것이 있습니다. 마음이 다른 것으로 산란해졌다고 해서 낙심하지 말라는 것입니다. 당신의 잘못으로 인해 불안해하지 않도록 자신을 지키십시오. 첫째로, 그러한 낙심의 상태는 영혼에 동요를 일으키고, 주의를 외부적인 것으로 흩어지게 만듭니다. 둘째로, 그러한 낙심은 사실 교만이라는 숨겨진 뿌리로부터 나오기 때문입니다. 낙심의 상태에서 경험하는 것은 당신의 가치에 대한 사랑입니다.

환언하면, 당신은 당신의 적나라한 모습을 보면서 마음이 상하며 동요를 일으키고 있을 뿐입니다. 만일 주님이 자비를 베푸사 주님의 겸손의 참된 영을 주신다면, 당신의 잘못이나 실패, 혹은 당신의 근성을 보게 되어도 놀라지 않을 것입니다.

자신의 참모습을 분명하게 보게 될수록, 자신의 본성이 실제로 얼마나 비참한 상태인지를 더욱 분명히 보게 될 것이며, 따라서 자신의 전 존재를 좀 더 하나님께 포기하여 드릴 것입니다. 당신에게 하나님이 그렇게 절실하게 필요하다는 사실을 깨닫게 되면 주님과 좀 더 친밀한 관계에 들어가기 위하여 진력하게 될 것입니다. 이것이 바로 주님이 친히 말씀하신, 당신이 가야 할 길입니다(시 32:8).

19

내가 흔들리지 아니하리로다

당신과 저는 매우 연약합니다. 아무리 발버둥이 쳐도 우리는 연약할 뿐입니다. 연약한 가운데 있는 당신이 원수를 공격하려 한다면, 부상을 당하게 될 것입니다. 심지어는 패배를 당하기도 할 것입니다. 유혹이 닥치고 주의가 산란해지는 시기에는 믿음으로 단지 예수 그리스도의 임재하심 앞에 그대로 머물러 있기만 하십시오. 그 즉시로 힘이 공급될 것입니다.

산만해지는 것뿐 아니라 유혹도 하나님을 향해 나아가는 당신의 여정에서 직면하게 되는 큰 문제입니다. 유혹에 대한 당신의 자세는 매우 조심스러워야 합니다. 이러한 유혹의 문제들과 직접 싸우려고 한다면, 그 유혹의 강도만 높여 놓게 됩니다. 또한 그러한 투쟁의 과정에서 당신의 영혼은 주님과의 친밀한 관계로부터 멀어지게 됩니다.

그리스도와의 친밀한 관계만이 언제나 유일한 목적이어야 합니다. 그러므로 죄나, 혹은 외부적으로 당신의 생각을 산란케 하는 것에 대하여 유혹을 받는 경우에는 시간이나, 장소, 혹은 유혹의 내용에 관계없이 그 죄로부터 돌이키기만 하십시오.

죄에서 돌이킨 후에는 주님께로 가까이 나아가십시오.

유혹에 대처하는 방법은 그렇게 간단합니다. 놀라게 하거나 혼란스럽게 만드는 것을 본 어린아이는 어떻게 합니까? 그 자리에 굳게 서서 그것과 맞붙어 싸우려 하지 않습니다. 그 아이는 놀라게 한 것은 거의 쳐다보지도 않고 재빨리 엄마의 품으로 달려갑니다. 엄마의 품에 있으면 그 아이는 안전한 것입니다.

그와 마찬가지로 당신은 유혹의 위험으로부터 돌이켜서 하나님께로 달려 나아가야 합니다.

"하나님이 그 성중에 계시매 성이 흔들리지 아니할 것이라 새벽에 하나님이 도우시리로다"(시 46:5).

당신과 저는 매우 연약합니다. 아무리 발버둥이 쳐도 우리는 연약할 뿐입니다. 연약한 가운데 있는 당신이 원수를 공격하려 한다면, 부상을 당하게 될 것입니다. 심지어는 패배를 당하기도 할 것입니다.

유혹의 문제를 해결하는 데는 또 다른 방법이 있습니다.

유혹이 닥치고 주의가 산란해지는 시기에는 믿음으로 단지 예수 그리스도의 임재하심 앞에 그대로 머물러 있기만 하십시오. 그 즉시로 힘이 공급될 것입니다. 그것이 바로 다윗이 공급받았던 힘이요, 후원이었습니다.

"내가 여호와를 항상 내 앞에 모심이여 그가 나의 오른편에 계시므로 내가 흔들리지 아니하리로다 이러므로 나의 마음이 기쁘고 나의 영도 즐거워하며 내 육체도 안전히 살리니"(시 16:8, 9).

또한 출애굽기에서는 다음과 같이 말하고 있습니다.

"여호와께서 너희를 위하여 싸우시리니 너희는 가만히 있을지니라"(출 14:14).

20

자아를 포기하고 내어 드림

> 영혼은 어떻게 하나님께로 돌아갈 수 있을까요? 그 영혼은 자아를 포기함으로써, 즉 깨뜨리는 하나님의 사랑의 능력에 자아를 포기하고·내어 드림으로써 하나님께로 올라가게 됩니다. 그렇습니다. 소멸하시는 하나님의 사랑의 능력에 완전히 포기하고 내어 드리는 것입니다.

이 장에서는 기도에서 매우 중요한 요소이지만, 거의 전적으로 간과되고 있는 사항에 대해서 언급하려고 합니다.

기도의 중요한 요소 가운데 하나가 깊고 내면적인 경배라는 데 당신은 동의할 것입니다. 우리 모두는 내면적으로 깊이 주님께 드리는 경배 없이는 진정한 기도도 없다는 사실에 동의합니다. 진정한 기도의 핵심 요소는 바로 경배입니다.

그러나 기도에는 경배만큼이나 핵심적이고 필수적인 요소가 하나 더 있습니다. 바로 여기서 하나님과 인간 사이의 핵심적인 문제를 다루려고 합니다. 더 나아가서 이러한 요소 없이는 진정한 기도란 없으며, 예수 그리스도를 깊이 체험하는 자리에 들어갈 수도 없습니다. 이러한 요소 없이는 진정한 기도란 없고, 그리스도를 깊이 체험하는 자리로 들어갈 수도 없으며, 또한 하나님이 갖고 계신 계획으로 당신을 인도해 나가실 방법도 없게 됩니다.

철저한 자아 포기

그렇다면 그 요소는 무엇일까요?

기도와 또한 예수 그리스도를 깊이 체험하는 데 있어서 자아 포기는 없어서는 안 될 요소입니다.

(이렇게 말함으로써 우리는 다시 한 번 기도의 영역을 벗어나고 있습니다. 참된 기도는 자신을 철저히 포기할 것을 요구합니다. 나아가 하나님은 궁극적으로 당신이 언제나 그러한 상태에 있기를 바라십니다.)

사도 요한은 기도를 향, 그 연기가 하나님께로 올라가 하나님이 받으시는 향이라고 말합니다.

"또 다른 천사가 와서 제단 곁에 서서 금 향로를 가지고 많은 향을 받았으니 이는 모든 성도의 기도와 합하여 보좌 앞 금 제단에 드리고자 함이라"(계 8:3).

주님 앞에 나아갈 때 하나님 앞에 마음을 쏟아 놓으십시오. 기도는 바로 주님께 당신의 마음을 쏟아 드리는 것입니다. 사무엘의 어머니 한나는 기도를 가리켜 "여호와 앞에 내 심정을 통한 것"(삼상 1:15, NIV에는 "여호와 앞에 마음을 쏟아 놓은 것"으로 되어 있음 – 역자 주)이라고 말했습니다. 마음을 쏟아 놓는 이러한 행위가 바로 피어나는 향이며, 이러한 향은 곧 당신을 주님 앞에 드리는 것이 됩니다.

베들레헴의 마구간에서 동방 박사들이 그리스도의 발 아래 드렸던 유향이 곧 주님께 쏟아 부어 드리는 기도의 한 모습입니다.

기도, 나도 기름의 향기

기도란 무엇일까요?

기도는 사랑의 따사로움입니다. 오, 그리고 그 이상입니다! 즉 기도란 녹이는 것입니다! 기도란 영혼을 용해시키며 고양시키는 것입니다. 이러한 녹이는 듯한 강렬함, 이러한 융해시키고 고양시키는 작용은 그 영혼으로 하나님께로 올라가게 해줍니다.

영혼이 녹아짐에 따라 그 영혼으로부터 감미로운 향기가 일어나게 됩니다. 이러한 향기들은 불타는 듯한 사랑으로부터 쏟아져 나오게 되는데 바로 그러한 사랑이 당신 안에 있습니다. 그것은 당신의 존재의 가장 깊은 곳에서 불타고 있는 사랑이며, 하나님을 향한 사랑의 불입니다.

이러한 향 내음과, 사랑에 대한 한 가지 예가 아가서에서 발견됩니다. 아가서의 여 주인공인 처녀가 다음과 같이 말합니다.

"왕이 침상에 앉았을 때에 나의 나도 기름이 향기를 뿜어냈구나"(아 1:12).

이 장면을 좀 더 자세하게 살펴보겠습니다. 먼저 왕의 침상에 대해서 살펴보겠습니다.

여기에 언급되어 있는 침상은 당신의 존재, 즉 영의 가장 깊은 곳을 의미합니다. 하나님은 당신의 영의 바로 그곳에 거하십니다. 오, 당신이 하나님과 함께 그곳에 거하는 방법을 알게 될 때에 하나님의 거룩하신 임재하심이 심령의 완악함을 녹이게 됩니다. 그리고 영혼의 완악함이 녹으면서, 그곳으로부터 아주 소중한 향기가 터져 나오게 됩니다!

이제는 그 왕에 대해서 살펴보겠습니다. '사랑하는 자'에 대해서 살펴보겠습니다. 신부의 영혼이 녹는 것을 보자마자 그는 다음과 같이 말합니다.

"몰약과 유향과 상인의 여러 가지 향품으로 향내 풍기며 연기 기둥처럼 거친 들에서 오는 자가 누구인가"(아 3:6).

영혼이 하나님께 돌아가는 통로

이제 우리는 다음과 같은 핵심적인 질문을 해야만 합니다. 즉 그 영혼이 어떻게 하나님께로 돌아가는가 하는 문제입니다.

그 영혼은 자아를 포기함으로써, 즉 깨뜨리는 하나님의 사랑의 능력에 자아를 포기하고 내어 드림으로써 하나님께로 올라가게 됩니다. 그렇습니다. 소멸하시는 하나님의 사랑의 능력에 완전히 포기하고 내어 드리는 것입니다.

당신이 예수 그리스도의 깊이를 재어 보고 경험하며 또한 지속적으로 그 안에 거하려고 한다면 이 같은 방식으로 자아를 포기하는 것이 아주 절대적으로 필요합니다. 당신이 절대 주권적인 하나님께 경의를 표현해 드릴 수 있는 것은 바로 이와 같이 자아를 깨뜨려 완전히 없어지게 할 때만 가능합니다.

"주님의 능력은 지극히 크시며 겸손한 자들만이 주님께 존귀를 돌린다"(외경).

이러한 사실을 좀 더 분명하게 이해할 수 있는지 살펴보겠습니다. 당신이 하나님의 최상의 실존을 이해하게 되는 것은 자아를 철저하게 깨뜨림으로써만 가능합니다.

직접 자아 영역의 모든 삶을 중단하는 시기가 있어야 합니다!

당신이 자아 속에서 존재하기를 중단함으로써 영원하신 말씀의 영이 당신 속에 존재할 수 있도록 해야만 합니다.

당신은 자신의 삶을 포기함으로써 주님이 임하시는 길을 예비해야 합니다! 주님이 사심은 바로 당신의 죽음 가운데 있습니다!

그것이 실제로 가능한 일일까요? 그렇습니다!

당신은 주님이 친히 당신의 생명이 되실 수 있도록, 전 존재를 예수 그리스도께 내어 드려야만 하고, 또한 더 이상 당신의 자아 가운데 사는 것을 중단해야만 합니다.

"이는 너희가 죽었고 너희 생명이 그리스도와 함께 하나님 안에 감추어졌음이라"(골 3:3).

"나를 간절히 구하는 너희는 너희 자신을 모두 나에게 넘기라"(외경).

그러나 어떻게 당신 자신을 하나님께 넘길 수 있을까요? 당신의 자아를 던져 하나님 안에서 사라지게 하면 됩니다.

그것이 기도와 어떠한 관계가 있을까요? 그것은 자아를 완전히 없애는 것이 바로 참된 경배의 기도라는 사실에 있습니다. 이것이 바로 당신이 배워야 할 기도, 즉 가장 깊은 의미로서 총체적으로 배워야 할 기도입니다. 이것이 바로 하나님께만 모든 찬송과 존귀와 영광과 권능을 세세토록 돌려 드리는 일입니다(계 5:13).

이러한 경험, 즉 이러한 기도가 바로 실체적인 기도입니다. 이것이 바로 실체인 것입니다! 자아를 완전히 없애는 것이 바로 영과 진리로 하나님께 예배 드리는 것입니다(요 4:23).

전부(全部)와 전무(全無)

모든 참된 예배는 '영'(NIV와 이 책의 원문에는 'in spirit', 즉 '영으로' 혹은 '영 안에서'로 되어 있음 – 역자 주)의 예배입니다. '영 안에' 있기 위해서 영혼은 완전히 자아를 없애야 합니다. '영 안에서' 당신은 당신 안에서 간구하시는 성령님의 정결함 속으로 들어가게 됩니다. 당신은 자신의 의식적 및 인간적인 기도 방법을 지양해야 합니다. 이제는 하나님의 전적인 실체와 인간의 전무함 속에 있게 되기 때문에 당신은 '실체 속에' 있게 됩니다.

사랑하는 독자여, 실제로 존재하는 진리는 단 두 가지뿐입니다. 즉 전부와 전무입니다.

그 외의 모든 것은 다 허위입니다. 하나님은 '전부'이시고 당신은 '전무'입니다. 당신이 하나님께 합당한 경의를 표할 수 있는 유일한 방법은 자아를 없애는 것입니다. 이러한 놀라운 일이 있자마자 곧 하나님이 들어오십니다.

여기에 자연의 법칙이 있습니다. 주님은 자연 속에 진공이나 공허함이 그대로 남아 있게 하지는 않으십니다. 그분이 친히 그러한 전무, 즉 공허의 자리에 오셔서 즉시 자신으로 그곳을 채우십니다.

주님은 친히 죽음을 당하신 바로 그 자리로 들어가십니다!

세상에서 제일 값진 진주

그러나 자아를 없앤다는 것은 괴로운 일이 아닐까요? 오! 저는 당신의 영혼이 이러한 체험을 통과함으로써 받게 되는 미덕과 축복에 대해서 알기만이라도 했으면 좋겠습니다. 그것을 맛보게 된다면 그 외의 다른 것은 갖고 싶지도 않을 것입니다. 이것이 바로 '극히 값진 진주'요 '감추인 보화'입니다. 이것을 발견하는 사람은 누구든지 그것을 사기 위하여 자신이 가진 모든 것을 아낌없이 팔아 버리게 됩니다(마 13:44-46).

또한 이것이 바로 "영생하도록 솟아나는 샘물"(요 4:14)입니다.

당신은 예수님이 "하나님의 나라는 너희 안에 있느니라"(눅 17:21)라고 말씀하셨다는 사실을 기억하고 있습니까? 그것은 두 가지 면에서 사실입니다.

첫째로는 당신 안에 하나님의 다스리심을 거부하는 것이 전혀 없을 정도로 완전하게 하나님이 당신의 선생과 주님이 되실 때에 그러합니다. 이렇게 되는 때에는 내적인 존재, 즉 당신의 영이 하나님의 나라입니다.

그것이 바로 하나님이 당신을 소유하는 때입니다.

둘째로는 당신이 하나님을 소유하는 문제입니다. 우리가 하나님을 소유하게 될 때, 하나님의 나라를 소유하게 됩니다. 또한 하나님의 나라 안에 충만한 기쁨이 있습니다. 우리의 궁극적인 목적은 이 세상에서 하나님을 즐거워하는 것입니다. 하나님을 즐거워하는 것! 이것이 바로 우리가 창조된 목적입니다.

그러나 슬프게도 이것이 도달 가능한 목표이며, 아주 쉽게 이루어질 수 있다는 사실을 깨달은 사람은 아주 적습니다.

하나님을 섬긴다는 것은 곧 다스린다는 것입니다.

21
성령님께 공명하는 침묵 기도

침묵 기도는 활동을 금하는 것이 아닙니다. 오히려 활동을 격려합니다. 침묵 기도는 당신의 영의 거룩한 활동을 촉진시킵니다. 그러나 또한 침묵 기도는 영혼의 낮은 차원의 활동을 억제시킵니다. 그렇다면 그러한 기도는 하나님의 영께 절대적으로 의존해야만 합니다. 성령님의 활동이 당신의 활동의 자리를 대신해야만 합니다. 그러한 자리바꿈은 인간의 동의에 의해서만 이루어질 수 있습니다.

이제부터는 그리스도를 체험해 나가는 여정 가운데서 침묵의 역할에 대해서 살펴보겠습니다. 그것은 침묵이 주님을 더 깊은 차원에서 체험하는 것과 깊은 관계가 있기 때문입니다.

잠잠한 가운데 살아 있는 영혼

어떤 사람들은 '침묵 기도'라는 말을 듣고, 이 같은 침묵 기도에서 그 사람의 영혼의 역할은 둔감함과 죽음과 무활동이라는 결론을 내리기도 합니다.

물론 이러한 결론은 사실이 아닙니다. 실제로 침묵 기도에서는 영혼이 소리를 내어 입으로 하는 기도에서보다 더 높고 포괄적인 역할을 맡게 됩니다.

어떻게 이것이 가능할까요?

영혼은 활동적이면서도 동시에 아주 고요한 침묵 가운데 머무를 수 있습니다. 이것은 바로 주님이 친히 영혼을 움직이는 분이시기 때문입니다. 그 영혼은 성령님의 움직이심에 반응하여 활동하게 됩니다.

"무릇 하나님의 영으로 인도함을 받는 사람은 곧 하나님의 아들이라" (롬 8:14).

그러므로 침묵 기도에 들어가는 것은 당신이 모든 활동을 중지한다는 것을 의미하지는 않습니다. 오히려 그것은 당신의 영혼(soul)이 당신의 영(spirit)의 움직임에 의하여 활동하게 됨을 의미합니다.

이러한 사실을 이해하는 데에는 에스겔서가 도움이 됩니다. 에스겔은 바퀴들에 관한 환상을 보았습니다. 그가 보았던 이러한 바퀴들에는 생령, 즉 성령(the Spirit)이 있었습니다. 그 영, 즉 성령이 가는 곳에는 그 바퀴들도 같이 갑니다. 그 영이 정지하여 서 있으면 바퀴들도 정지합니다. 만일 그 영이 땅으로부터 하늘로 올라가면, 그 바퀴도 옆에서 같이 하늘로 올라갑니다.

그 영은 그 바퀴들 안에 있었고, 그 바퀴들은 그 영에 의하여 움직였습니다(겔 1:19-21). 침묵 기도에 들어가는 영혼은 마치 그러한 바퀴들과도 같습니다. 그 영혼은 스스로 활동할 수도 있고, 또는 더 깊은 어떤 것이 움직임을 일으킬 때까지 기다릴 수도 있습니다. 이러한 경우에 그 영혼은 영, 즉 성령이 가는 곳이라면 어디든지 따라다니던 바퀴들처럼 됩니다. 마찬가지로 그 영혼도 속에 살아 계시는 영의 인도하심에 복종해야 합니다. 침묵 기도에 들어가는 영혼은 기다리면서, 성령께서 움직이실 때에만 충실하게 같이 움직여야만 합니다.

당신은 성령께서 자신의 속성을 결코 높이지 않으실 것임을 자신해도 좋습니다. 그러나 당신의 영혼은 자신의 경향을 따르기 때문에 자신을 높이는 경우가 아주 많습니다. 성령께서는 어떠한 일을 하실까요? 성령께서는 앞으로, 궁극적인 목표를 향하여 곧장 나아가십니다. 그렇다면 그러한 궁극적인 목표란 무엇일까요?

그것은 하나님과의 연합입니다.

그러므로 기도 중에는 영혼으로 하여금 아무것도 하지 않게 하십시오. 단지 영혼은 궁극적인 목표에 이를 때까지 성령을 따르기만 해야 합니다.

이러한 비유를 통하여 침묵 기도에 들어가는 영혼이 활동을 모두 중단하는 것이 아님을 알게 되었으리라 믿습니다. 영혼의 활동은 성령과 완전히 일치하게 됩니다.

성령님의 움직이심에 대한 공명(共鳴)

이제부터는 침묵 기도의 실제적인 면을 살펴보겠습니다. 침묵의 자세에서 주님을 체험하는 것은 어떻게 시작해야 할까요?

당신의 영혼이 스스로, 즉 성령님의 활동과는 별도로 활동하게 되면, 그 본성에 의하여 영혼의 활동은 타자에 의하여 강요되어 긴장에 싸이게 됩니다. 기도 속에서의 영혼의 노력은 언제나 염려와 애쓰는 것으로 나타납니다.

실제로 이것은 당신에게 도움이 되기도 합니다! 당신의 영혼이 움직이고 있는 때를 쉽게 구별해 낼 수 있기 때문입니다!

오! 그러나 그 영혼이 성령님의 움직이심에 대하여, 다시 말해 당신의 존재의 훨씬 더 깊은 어떤 것에 대하여 반응할 때에는 모든 것이 아주 달라집니다.

당신의 영혼이 성령께 반응하여 움직이게 되면, 그러한 활동은 자유롭고 쉬우며 자연스럽게 됩니다. 마치 당신이 전혀 노력을 하지 않는 것처럼 보이게 될 것입니다.

"나를 넓은 곳으로 인도하시고 나를 기뻐하시므로 나를 구원하셨도다"
(시 18:19).

일단 영혼이 내면세계로 향하여 당신의 생각이 성령께로 고정되면, 바로 그 순간부터 주님의 영의 내적으로 이끄시는 힘은 매우 강해지게 됩니다. 사실 당신의 영이 당신의 영혼을 이끄는 힘은, 다른 어떤 힘보다도 강하며, 특히 당신을 다시 표면으로 돌아가도록 잡아끄는 것들보다도 강력합니다.

사실 중심으로 돌아가는 속도에 있어서 영혼이 성령께로 돌아가는 것보다 더 빠른 것은 없습니다.

이러한 경우 영혼은 활동을 할까요? 그렇습니다. 그러나 그것은 너무나 승화되고 자연스러우며 평온하고 또한 아주 자발적이기 때문에, 겉으로는 마치 영혼이 아무런 노력을 하지 않고 있는 것처럼 보이게 됩니다.

당신은 바퀴가 천천히 돌아갈 때 바퀴의 모든 부분이 쉽게 보이는 현상을 관찰해 본 일이 있습니까? 그러나 그 바퀴가 점점 더 빨리 돌아가면 거의 확인할 수 없게 됩니다.

이것이 바로 하나님 안에서 안식하고 있는 영혼의 모습입니다. 영혼이 하나님 안에서 안식하고 있을 때에는 그 활동이 영적이며, 매우 고양되어 있습니다. 그럼에도 불구하고 영혼은 전혀 노력을 하지 않고 있습니다. 영혼은 평온으로 충만해 있습니다.

그러므로 영혼의 평온한 상태를 유지하십시오.

당신의 영혼이 평온한 상태에 있을수록 그 영혼은 영혼의 중심인 하나님을 향하여 더 빨리 나아가게 됩니다.

하나님의 강력한 이끄심

이것이 어떻게 가능할까요? 그것은 영혼(soul)이 영(spirit)에게 복종하고, 움직이며 지시하는 존재는 성령(the Spirit)이시기 때문입니다.

그렇게나 강력하게 당신을 내적인 부분으로 이끄는 것은 무엇일까요? 그것은 다름 아닌 바로 하나님 자신이십니다. 오! 또한 하나님이 당신을 끌어당기시는 행위는 당신이 하나님께로 달려 나가게 합니다.

아가서에 나오는 처녀는 이것을 이해하고 다음과 같이 말합니다.

"너는 나를 인도하라 우리가 너를 따라 달려가리라"(아 1:4).

"오, 저의 중심이신 하나님이시여, 제 존재의 비밀스런 근원을 잡아 저를 당신께로 이끄소서. 그리하시면 저의 온 힘과 감각으로 당신을 따르겠나이다!"

주님은 그렇게 단순하게 당신을 이끄십니다. 주님의 이 같은 이끄심은 치료하는 기름인 동시에, 당신을 하나님께로 유인하는 향기가 되기도 합니다. 아가서에 나오는 처녀도 다음과 같이 말합니다.

"네 기름이 향기로워 아름답고 네 이름이 쏟은 향기름 같으므로 처녀들이 너를 사랑하는구나"(아 1:3).

"주여, 주님이 친히 주님의 존재 자체에서 발하는 향기로 우리를 유인하시오며, 또한 주님은 우리를 내면세계의 아주 깊은 곳으로 인도하사 친히 주님, 당신께로 이끄시나이다!"

주님이 우리를 이끄시는 힘이 아주 강력하지만 우리의 영혼은 자유롭게, 아무런 노력도 없이 따라갑니다. 그 이유는 무엇일까요? 그것은 주님의 이끄심이 강력할 뿐만 아니라 또한 즐거운 것이기 때문입니다! 주님이 당신을 이끌어 가시는 것은 강력하기는 하지만, 매력 있고 달콤합니다.

아가서의 처녀가 "너는 나를 인도하라 우리가 너를 따라 달려가리라"고 말할 때, 그녀는 무엇보다도 그녀의 영, 즉 그녀의 존재의 핵심에 대하여 말하고 있었던 것입니다. 이끌림을 받아 나가는 것은 영입니다. 주님은 당신의 영에게 말씀하셨습니다. 주님은 주님만이 친히 거하시는 곳인 당신의 중심을 이끌어 당기심으로써 주님을 따르도록 당신을 부르십니다.

따라서 당신의 영이 가장 먼저 이끄심을 받게 됩니다. 그 다음에 당신은 그 중심으로부터의 이끄심을 따르게 됩니다. 당신은 의식의 방향과 당신의 영혼의 모든 힘을 주님께 집중시킴으로써 그렇게 하게 됩니다. "너는 나를 인도하라."

당신의 중심, 즉 당신의 영이 당신 중심의 아주 깊은 부분이신 분에게로 이끌려 나갈 때의 하나 된 모습을 보십시오. "우리가 너를 따라 달려

가리라." 당신의 영혼의 감각과 힘들이 그 중심의 혹은 중심으로부터의 이끄심에 어떻게 따라가고 있는지를 살펴보십시오.

영혼이 할 수 있는 최고의 활동

저는 당신의 영혼이 게을러지거나 비활동적이 되어야 한다는 사상을 전파하고 있는 것이 아닙니다. 오히려 영혼이 할 수 있는 최고의 활동을 하도록 격려하고 있습니다.

그것은 하나님의 영께 전적으로 의지하는 것입니다. 바로 이것이 언제나 당신의 주된 관심이어야만 합니다. 우리가 "살며 기동하며 존재"(행 17:28)하는 것은 오직 주님 안에서입니다.

이와 같이 단순하고 겸손하게 하나님의 영께 의지하는 것은 다른 모든 것보다도 더 중요합니다. 이와 같이 언제나 우리의 어떤 부분에 의지하는 것은 곧 우리 영혼으로 영혼이 원래 창조된 목적인 통일성과 단순성에 이르게 해줄 것입니다.

우리는 아주 복잡합니다. 우리의 영혼은 아주 다양한 활동을 할 수 있습니다. 우리는 이러한 삶의 방식을 떠나서 자유로워져야 합니다. 하나님의 단일성과 통일성으로 들어갈 수 있기 위해서 자유로워져야 합니다. 오, 하나님께로, 원래 우리가 지음받은 형상의 원형이신 분께로 돌아갈 수 있도록 자유로워져야 합니다(창 1:27).

주님은 나뉠 수 없는 단일한 분이십니다. 그분은 한 분이십니다. 그러나 당신이 하나님의 통일성으로 들어갈 때에는 주님의 한 분이심이 그분의 본성의 표현에 있어서의 엄청난 다양성을 배제하는 것은 아닙니다. 우리가 주님의 영과 연합되어 그분과 하나가 될 때 하나님의 통일성에도 들어가게 되는 것과 마찬가지로, 또한 우리가 하나님과 연합될 때에는 하나님의 뜻의 다양한 면들을 수행해 나갈 수 있게 됩니다.

그때 하나님과의 그러한 연합의 상태를 떠날 필요는 없습니다. 하나님과의 하나 됨을 희생시키지 않고서도 하나님의 뜻의 다양한 면들이 수행될 수 있습니다.

따라서 이제 당신은 이와 같이 간단한 침묵 기도가 당신을 어떠한 자리로까지 인도해 나갈 수 있는지에 대하여 이해하게 되었을 것입니다!

계속해 나가겠습니다![4]

당신을 하나님의 영의 인도하심에 맡겨 드리십시오. 당신이 하는 일들은 영혼의 활동이 아니라 성령님의 활동에 계속 의지함으로써 하나님께 대하여 더 큰 가치를 지니게 될 것입니다. 당신이 이 같은 방법으로 하는 것만이 하나님과, 또한 이 땅에서의 하나님의 일에 대하여 가치 있게 됩니다.

---

[4] 영혼이 이러한 관계 속으로 인도받아 나아가게 됨에 따라 어떤 새로운 것이 발견됩니다. 그것은 다음과 같은 것입니다. 즉 성령님도 영혼과 마찬가지로 매우 활동적이십니다. 성령님은 많은 활동을 하십니다. 그러나 그 활동은 영혼의 활동과는 다릅니다. 당신이 주님에 의하여 감동받아 움직일 때에는, 그러한 활동이 당신 자신의 본성의 활동인 경우보다 훨씬 더 활력적이게 됩니다. 바로 그러한 성령님은 다른 어떤 세력보다도 훨씬 더 활동적이십니다.

영혼의 평온을 견지하며

이제 이러한 사실을 하나님의 관점에서 살펴보겠습니다.

"만물이 그로 말미암아 지은 바 되었으니 지은 것이 하나도 그가 없이는 된 것이 없느니라"(요 1:3).

태초에 말씀으로 사람을 지으신 분은 바로 하나님이셨습니다. 하나님은 자신의 형상으로 인간을 만드셨습니다. 하나님은 영이십니다. 그분은 인간에게도 한 영을 주사 친히 인간에게로 오셔서 자신의 삶을 인간의 삶에 섞을 수 있게 하셨습니다.

물론 이것은 인간의 타락 전 상황이었습니다. 타락하면서 인간의 영혼은 죽게 되었습니다. 하나님은 인간의 영으로 들어가실 수 있는 여지가 없어지게 되었고, 인간은 하나님의 생명과 형상을 유지할 수 있는 능력을 상실하게 되었습니다.

하나님이 인간을 원래 친히 의도하셨던 모습으로 회복시키시려면 인간의 영이 회복되어야만 한다는 사실이 아주 명확해졌습니다.

그렇다면 하나님은 인간의 영을 어떻게 회복시킬까요? 인간 속의 하나님의 형상을 어떻게 회복시킬까요?

바로 예수 그리스도를 통해서입니다. 인간의 영에 생명을 주고 하나님의 형상을 회복시키시는 분은 바로 친히 주 예수님이셔야만 했습니다. 그 이유는 무엇일까요? 예수 그리스도만이 홀로 친히 그 아버지의 바른 형상이시기 때문입니다. 그분만이 하나님의 생명을 인간에게 가져다주십니다.

어떠한 형상도 자신의 노력으로는 복구될 수 없습니다. 깨어진 형상은 제작자의 손길 아래 피동적인 상태로 머물러 있어야만 합니다.

이러한 회복 과정에서 당신이 해야 하는 활동은 무엇일까요? 당신이 해야 할 유일한 활동은 성령님의 내적인 일하심에 자신을 완전히 맡겨 드리는 것입니다.

예수 그리스도께서 당신에게로, 당신의 가장 깊은 곳에 임하여 오셨습니다. 그분의 일하심에 온전히 맡겨 드리십시오.

캔버스가 고정되어 있지 않으면 화가가 그 위에 정확한 그림을 그릴 수 없습니다. 당신도 마찬가지입니다. 자아의 모든 움직임은 실수를 야기합니다. 자아의 활동은 예수 그리스도께서 당신에게 새겨 넣고자 하시는 문양을 방해하고 일그러뜨립니다.

오히려 당신은 그저 평온한 상태를 유지해야만 합니다. 성령님의 일하심에만 반응을 보이십시오.

예수 그리스도께서는 친히 자신 속에 생명을 가지고 계시며(요 5:26), 따라서 주님은 모든 살아 있는 존재에게 생명을 주셔야만 합니다.

전적 의존의 원칙

전적으로 성령께 의존하고, 영혼의 모든 활동을 완전히 거부해야 한다는 원칙은 교회 안에서 볼 수 있습니다.

교회에 대해서 살펴보겠습니다. 교회의 영(the Spirit of the church)은 움직이며, 생명을 주는 영입니다. 교회가 게으르고 황폐하며 열매가 없습니까? 그렇지 않습니다. 교회는 활동으로 가득합니다. 그러나 교회의 활동은 이것이니, 곧 하나님의 영께 전적으로 의지하는 것입니다. 성령께서 교회를 움직이시고, 교회에게 생명을 주십니다.

교회에서는 이러한 원리가 작용하고 있으며, 또한 교회로 교회 되게 하는 것이 바로 이러한 원리입니다. 바로 당신에게도 이 원리가 작용해야 합니다! 교회에 대하여 참인 것은 교회의 구성원들에 대해서도 참이어야 합니다. 교회의 영적 자녀가 되기 위해서는 성령님의 인도하심을 받아야만 합니다.

당신 안에 계신 성령님은 바로 지금도 활동하고 계십니다. 성령님을 따른 결과로서 삶 가운데서 생겨난 활동은 그 어떤 다른 활동보다 훨씬 더 고차원적인 활동입니다. (어떠한 활동이든지 간에 그 활동은 그것의 근거가 되는 것의 가치에 따라 칭송받을 만한 가치를 지니게 됩니다. 하나님의 성령으로부터 비롯된 것은 모두 신성합니다. 그러나 자아로부터 나온 것은 그것이 무엇이든, 또한 그것이 겉으로 얼마나 좋아 보이든 여전히 인간적일 뿐이며, 또한 여전히 자아일 뿐입니다.)

주님 안에 있는 생명

주님은 홀로 자신만이 생명을 가지고 계시다고 선언하신 적이 있습니다. 모든 다른 피조물은 '빌려 온' 생명을 가지고 있습니다. 주님은 친히 자신 안에 생명을 가지고 계십니다. 그 생명, 즉 주님 안에 있는 생명에는 또한 주님의 속성이 따릅니다. 이것이 바로 주님이 당신에게 주기 원하시는 특별한 생명입니다. 주님은 하나님의 생명을 주기를 소원하시며, 또한 당신의 영혼의 생명 대신 바로 그러한 생명으로 살아가기를 원하셨습니다.

동시에 당신은 당신의 영혼, 즉 당신의 생명의 활동을 부인할 수 있는 여지를 마련해야 합니다. 당신이 하나님의 생명으로 당신 속에 거하시게 하고, 사시도록 해드릴 장소를 마련할 수 있는 유일한 방법은, 과거의 아담의 생활을 벗어 버리고, 또한 가인의 활동을 부인하는 것으로만 가능합니다.

그 이유는 무엇일까요? 그것은 당신이 받고 있는 이 생명은 바로 하나님의 생명, 즉 하나님이 살아가시는 바로 그 생명이기 때문입니다. 바울은 다음과 같이 말했습니다.

> "그런즉 누구든지 그리스도 안에 있으면 새로운 피조물이라 이전 것은 지나갔으니 보라 새 것이 되었도다"(고후 5:17).

그러나 반복하지만 이것이 당신에게 실제적인 경험이 되는 유일한 방법은, 당신이 자신과 모든 활동에 대하여 죽음으로써 하나님의 활동이 그 자리를 대신하게 하는 것입니다.

마리아의 선택

그러면 이제 본장의 처음 부분에서 언급했던 것으로 돌아가 보겠습니다. 침묵 기도는 활동을 금하는 것이 아닙니다. 오히려 활동을 격려합니다. 침묵 기도는 당신의 영의 거룩한 활동을 촉진시킵니다. 그러나 또한 침묵 기도는 영혼의 낮은 차원의 활동을 억제시킵니다. 그렇다면 그러한 기도는 하나님의 영께 절대적으로 의존해야만 합니다. 성령님의 활동이 당신의 활동의 자리를 대신해야만 합니다. 그러한 자리바꿈은 인간의 동의에 의해서만 이루어질 수 있습니다.

물론 당신은 그러한 자리바꿈에 동의하는 동시에 자신의 활동을 중지해야 합니다. 그 결과 하나님의 활동이 조금씩, 조금씩, 결국에는 완전히 당신의 영혼의 활동의 자리를 대신하게 됩니다.

복음서에는 이러한 사실에 대한 아주 아름다운 예가 있습니다. 당신은 마르다가 매우 옳은 일을 하고 있었지만 주님은 그녀를 꾸짖으셨던 사건을 기억할 것입니다. 이유는 무엇일까요? 그것은 그녀가 하고 있던 일을 자신의 힘으로 하고 있었기 때문입니다. 마르다는 자신 안에 거하시는 성령님의 움직이심을 따르지 않았던 것입니다.

사랑하는 독자여, 당신은 사람의 영혼이 자연적으로는 안식 없이 분요하다는 사실을 깨달아야만 합니다. 당신의 영혼이 언제나 분주해 보인다 해도 이루어지는 것은 거의 없습니다.

주님은 마르다에게 다음과 같이 말씀해 주셨습니다. "네가 많은 일로 염려하고 근심하나 몇 가지만 하든지 혹은 한 가지만이라도 족하니라 마리아는 이 좋은 편을 택하였으니 빼앗기지 아니하리라"(눅 10:41-42).

그렇다면 마리아가 선택했던 것은 무엇이었습니까? 마리아는 예수님의 발 앞에서 평온하고 조용하게 안식하는 것을 선택했습니다. 그녀는 그리스도께서 그녀의 생명이 되시도록 하기 위하여 자신이 사는 것을 중단했습니다. 마리아의 예는 예수 그리스도를 따르기 위하여 당신 자신과, 또한 모든 활동을 부인하는 것이 얼마나 필수적인지를 가장 크게 부각시켜 줍니다. 당신이 주님의 영의 인도하심을 받지 않는다면 당신은 주님을 따를 수 없습니다.

주님의 생명이 들어올 때에는 당신의 생명이 자리를 비키고 내드려야 합니다. 바울은 "주와 합하는 자는 한 영이니라"(고전 6:17)라고 말했습니다.

다윗은 주님께 가까이 나아가서 주님을 의뢰하는 것이 얼마나 좋은 일인지에 대해서 말했습니다(시 73:28). 하나님께 가까이 나아간다는 것은 무엇을 의미할까요?

하나님께 가까이 나아가는 것이 사실은 하나 됨의 시작입니다!

하나님과의 연합

우리는 본장을 침묵 기도에 대한 언급으로 시작했습니다. 그 다음에는 계속해서 영혼이 완전히 성령님과 한 마음이 되어 성령님을 따르는 것에 대하여 언급했고, 이제는 마지막으로 하나님과의 가장 깊은 체험의 단계, 즉 그리스도인의 궁극적인 체험의 단계를 언급하고 있습니다. 그것은 하나님과의 연합입니다.

하나님과 연합되는 체험은 다음과 같은 네 가지 단계로 이루어집니다. 즉 시작, 진행, 성취, 완성의 단계입니다. (연합의 체험에 대해서는 본서의 마지막 장에서 언급할 것입니다.)

연합의 체험은 당신 안에 하나님을 사모하는 마음이 싹틀 때 아주 간단하게 시작됩니다.

그러면 하나님을 사모하는 마음이 싹트는 시기는 언제일까요? 그것은 당신의 영혼이 내적으로 성령으로 비롯되는 생명에 방향을 돌이키기 시작할 때, 당신의 영혼이 바로 그 성령님의 강력한 힘, 자석과 같이 끌어당기시는 힘 아래 굴복할 때입니다. 바로 그러한 순간에 하나님과 연합되고자 하는 간절한 마음이 생겨나게 됩니다.

일단 당신의 영혼이 당신 안에 계시는 성령님께 향하기 시작하면 당신의 영혼은 점점 더 하나님께 가까이 나아가게 됩니다. 이것이 바로 연합으로 나아가는 진행 과정입니다.

결국 영혼은 하나님과 한 영이 됩니다. 하나님으로부터 그토록 멀리 떠나서 방황해 왔던 영혼이 마침내 원래 창조된 장소로 돌아오게 되는 것은 바로 여기서입니다!

당신은 이러한 영역에까지 들어가야 합니다. 그 이유는 무엇일까요? 그것은 이것이 바로 당신 안에서 일하시는 하나님의 모든 사역의 목표이기 때문입니다.

"누구든지 그리스도의 영이 없으면 그리스도의 사람이 아니라"(롬 8:9).

전적으로 그리스도의 소유가 되기 위해서는, 그리스도의 영으로 채우심을 받고, 자아적인 삶은 비워져야만 합니다. 바울은 이러한 성령님의 소유가 되는 것이 얼마나 필요한 일인지에 대하여 말해 줍니다.

"무릇 하나님의 영으로 인도함을 받는 사람은 곧 하나님의 아들이라"
(롬 8:14).

성령님이 존재하십니다! 그리고 우리로 하나님의 아들이 되게 하시는 성령님은 우리 안의 깊은 곳에서 하나님의 일을 하시는 바로 그 영이십니다.

"너희는 다시 무서워하는 종의 영을 받지 아니하고 양자의 영을 받았으므로 우리가 아빠 아버지라고 부르짖느니라"(롬 8:15).

당신 안에서 역사하시는 이 성령님은 누구실까요? 그분은 다름 아닌 바로 예수 그리스도의 영이십니다. 우리는 바로 이 영으로 말미암아 하나님의 아들 되심에 참여하게 되었습니다.

"성령이 친히 우리의 영과 더불어 우리가 하나님의 자녀인 것을 증언하시나니"(롬 8:16).

당신이 자신을 이와 같이 경이로우신 분의 인도하심에 맡겨 드린다면 당신이 하나님의 아들이라는 사실을 느끼게 될 것입니다.

더 나아가서 당신은 종의 영이 아니라, 자유의 영 심지어는 하나님의 아들의 자유의 영(롬 8:15)을 받게 되는 기쁨까지도 덤으로 누리게 될 것입니다.

바로 이 같은 것이 주님을 체험해 나아가는 여정의 결과가 될 것임을 기대하십시오. 당신은 아주 자유로우며 쉽게, 그러나 또한 힘과 확신을 가지고 행동할 수 있게 되었다는 사실을 발견하게 될 것입니다.

깊은 곳에서 일어나는 성령님의 역사하심

당신의 깊은 곳에서 일어나는 성령님의 역사하심이 당신의 모든 활동의 원천이어야 합니다. 반복하지만 모든 활동, 즉 눈에 보이지 않는 내적인 활동뿐 아니라 표면적이고 가시적인 모든 활동이 다 성령님의 일하심으로부터 나와야 합니다.

바울은 로마서에서 이 사실을 잘 설명해 줍니다. 그는 우리는 자기가 기도하는 내용조차도 모른다는 사실을 보여 줍니다. 그는 실제로 기도하는 것은 당신이 아니라 성령님이어야 한다고 선언합니다.

"이와 같이 성령도 우리의 연약함을 도우시나니 우리가 마땅히 기도할 바를 알지 못하나 오직 성령이 말할 수 없는 탄식으로 우리를 위하여 친히 간구하시느니라"(롬 8:26).

요지는 아주 분명합니다. 우리는 우리에게 필요한 것이 무엇인지도 모른다는 것입니다. 우리는 우리의 필요를 어떻게 기도해야 하는지도 모릅니다. 사실 우리는 기도하는 방법도 모릅니다.

오! 그러나 우리 안에 거하시는 성령님은 무엇을, 그리고 어떻게 기도해야 하는지를 아십니다. 자신을 맡겨 드린 당신을 받으신 분은 모든 것을 다 알고 계십니다!

그러므로 이것이 사실이라면 당신은 그분으로 하여금 당신을 대신하여 그분의 말할 수 없는 탄식을 쏟아 놓으실 수 있도록 해드려야 하지 않겠습니까?

당신은 기도할 때마다 언제나 그 기도를 하나님이 들으신다고는 확신할 수 없습니다. 오, 그러나 성령님이 기도하고 계실 때는 언제나 하나님이 들으십니다.

주 예수께서는 친히 아버지께 "항상 내 말을 들으시는 줄을 내가 알았나이다"(요 11:42)라고 말씀하셨습니다. 그렇다면 만일 성령님이 당신의 기도를 대신하여 기도하며 중보하시도록 해드린다면, 성령님이 당신 속에서 하시는 기도는 하나님이 들으십니다. 그것도 언제나 들으신다는 논리가 통하게 되는 것입니다!

이것은 확실할까요? 훌륭한 신비주의자이며 내적 생활의 거장인 바울의 말을 들어 보겠습니다.

"마음을 살피시는 이가 성령의 생각을 아시나니 이는 성령이 하나님의 뜻대로 성도를 위하여 간구하심이니라"(롬 8:27).

성령님은 하나님의 뜻만을 간구하십니다! 마침내 하나님의 뜻에 전적으로 자신을 포기하고 맡겨 드린 분을 만나게 되었습니다. 성령님은 하나님의 뜻만을 기도하십니다.

하나님의 뜻은 당신이 구원을 받으며 완전함에 이르게 되는 것입니다. 그러므로 성령님은 당신 안에서 당신의 완전함에 필요한 모든 것을 위하여 중보하십니다.

자기 부인의 안온함

만일 성령님이 당신의 모든 필요를 돌보신다면 당신이 불필요한 염려의 짐을 져야 할 이유가 있을까요? 왜 당신은 하나님의 안식에 들어가기 위하여 중단하지 않고, 그렇게나 많은 활동으로 자신을 피곤하게 만드는 것일까요?

주님은 당신의 모든 염려를 주님께 맡기라고 권하셨습니다. 긍휼이 풍성하신 주님은 당신의 영혼이 그 힘과 소중한 것들을 외적으로 잡다하게 많은 것에 허비하고 있다는 사실을 지적하셨습니다. 그러나 영혼의 모든 소원은 쉽게 만족될 수 있습니다.

"너희가 어찌하여 양식이 아닌 것을 위하여 은을 달아 주며 배부르게 하지 못할 것을 위하여 수고하느냐 내게 듣고 들을지어다 그리하면 너희가 좋은 것을 먹을 것이며 너희 자신들이 기름진 것으로 즐거움을 얻으리라"(사 55:2).

사랑하는 독자여, 이 같은 방법으로 하나님의 음성을 듣는 기쁨을 알게 되기 바랍니다! 이 같은 방식으로 주님의 음성을 들음으로써 당신의 영혼은 큰 힘을 얻게 될 것입니다.

"무릇 혈기 있는 자들은 여호와 앞에서 잠잠하라"(슥 2:13, NIV - 역자 주).

주님이 나타나실 때에는 모든 것을 중단해야 합니다. 주님은 당신에게 아무것도 붙들지 않는 훨씬 더 큰 포기를 요구하셨습니다. 주님은 친히 당신을 아주 특별하게 보살펴 주시기 때문에 두려워할 것은 아무것도 없다는 사실을 다음 말씀을 통해 확신시켜 주십니다.

"여인이 어찌 그 젖 먹는 자식을 잊겠으며 자기 태에서 난 아들을 긍휼히 여기지 않겠느냐 그들은 혹시 잊을지라도 나는 너를 잊지 아니할 것이라"(사 49:15).

이러한 말씀들에 얼마나 큰 위로가 담겨 있는지요? 이 말씀을 들은 사람이라면 그 누가 하나님의 부르심에, 전적으로 자기를 부인하고 따르기를 두려워하겠습니까?

22

하나님의 임재하심 안에 머무름

지속적으로 깊은 내면을 향하여 있다는 것은 당신이 내면세계에서 하나님을 향하여 있고 직접적인 행위에 의하여 하나님의 임재하심 안에 머무르게 됨을 의미합니다. 이제는 더 이상 그리스도께로 방향을 돌이키는 일을 계속할 필요가 없습니다. 이미 당신은 영의 밀실에서 주님과 함께 거하는 것입니다. 당신이 다시 전환점을 만들어야 할 유일한 때는 주님과 함께 거하는 것이 중단되었을 경우입니다.

외적인 영적 체험, 내적인 영적 체험

이 장은 다음과 같이 간단한 사항에서부터 시작하려고 합니다. 즉 당신의 영적인 체험은 외적인 것, 다시 말해 표면적인 것과, 당신의 존재의 깊은 내적인 곳에서 발생하는 경험으로 나누어진다는 것입니다. 당신이 만들어 내는 활동이나 행위들도 있습니다. 어떤 것은 표면적이기도 하고 어떤 것들은 좀 더 깊은 것이기도 합니다.

외적인 활동이란 밖으로 나타나 보이는 활동을 말합니다. 그런 것들은 물리적인 것들과 다소 관계가 있습니다. 이제 당신은 다음과 같은 사실을 발견할 수 있습니다. 즉 그런 것들에는 참된 선이나 영적인 성장이 전혀 없으며, 그리스도를 경험하는 것도 거의 없다는 사실입니다.

물론 한 가지 예외가 있습니다. 만일 당신의 외적인 행위가 당신 안의 깊은 곳에서 일어나는 어떤 일의 결과라면 그때에는 그러한 외적인 행위들은 영적인 가치를 가지며 정말로 참된 선을 갖게 됩니다. 그러나 외적인 행위들은 원천으로부터 영적 가치를 얼마만큼 받느냐에 따라 그 영적 가치가 정해집니다.

마음의 움직임에 대한 집중

그러므로 우리가 가야 할 길은 분명합니다. 우리는 존재의 가장 깊은 곳에서 일어나는 활동들에 모든 관심을 집중시켜야 합니다.

그러한 활동은 바로 성령님의 활동입니다. 성령님은 내적인 분이시지 외적인 분이 아니십니다. 당신은 내면세계로 돌이켜서 당신의 영에게로 방향을 돌이키고 또한 그렇게 함으로써 외적인 활동이나 산란함으로부터 돌이키게 됩니다.

내적인 활동은 단지 내면세계, 즉 그리스도께서 계신 곳인 당신의 영 안에서 예수 그리스도께 향하여 돌이키는 것으로 시작합니다.

당신은 언제나 계속해서 내면세계에서 의식을 하나님께로 향해야 합니다.

하나님께 당신의 모든 의식을 집중시키십시오. 당신의 존재의 모든 힘을 순전히 하나님께 쏟아 드리십시오. 당신의 마음의 모든 움직임을 하나님의 거룩하심 가운데서 하나로 모으십시오.

다윗도 그것을 다음과 같이 잘 표현하고 있습니다. "그의 힘으로 말미암아 내가 주를 바라리이다"(시 59:9).

어떤 방법으로 그렇게 할 수 있을까요? 언제나 당신 안에 계신 하나님께 진지하게 돌아섬으로써 그렇게 할 수 있습니다.

이사야는 "너희 패역한 자들아 이 일을 기억하고 장부가 되라 이 일을 마음에 두라"(사 46:8)고 말했습니다. 우리 각 사람은 죄를 지음으로써 우리의 마음으로부터 방향을 돌이켰는데, 하나님이 원하시는 것은 바로 그 마음뿐입니다.

"내 아들아 네 마음을 내게 주며 네 눈으로 내 길을 즐거워할지어다"(잠 23:26).

온 마음을 하나님께 드린다는 것은 무엇을 의미할까요? 이는 당신의 영혼의 모든 힘을 언제나 하나님께 향하게 한다는 것입니다.

우리는 이러한 방식으로 하나님의 뜻에 맞추어집니다.

하나님께로 돌아서는 습관

당신이 이러한 여정에 처음으로 발길을 들여 놓았다면 아직은 당신의 영이 강하지 못할 것입니다. 당신의 영혼은 쉽게 외적인 것, 물리적인 것으로 이끌리게 됩니다. 당신의 중심이신 주님으로부터 주의 집중을 놓치고 산만해지기는 매우 쉽습니다.

당신이 주님으로부터 얼마나 멀어지는가는 그러한 산만함에 얼마나 굴복하고, 또한 자신을 표면적인 것들로 얼마나 멀리까지 이끌리도록 허용하는가에 달려 있습니다. 당신이 하나님께로 돌아오는 데 사용하는 방법도 당신이 하나님으로부터 얼마나 멀어졌는지에 달려 있습니다. 만일 당신이 주님으로부터 조금만 멀어졌다면 조금만 돌이키면 됩니다.

당신이 주님으로부터 떠나 있는 것을 발견하자마자 의도적으로 의식을 내면으로, 살아계신 하나님께로 돌이켜야 합니다. 다시 당신의 영 안으로 돌아가십시오. 즉시 당신이 진정으로 속한 곳, 즉 하나님 안으로 돌아가십시오. 그러한 돌이킴이 완전할수록 주님께 향한 당신의 돌아감이 더 완전해질 것입니다.

당신이 그곳, 즉 하나님 안에 머물러 있을 것을 확신하고 안식하십시오. 당신의 의식이 주 예수 그리스도께 집중되어 있는 동안에는 그렇게 될 것입니다. 무엇이 당신으로 그곳에 있도록 붙들어 두었습니까? 그와 같이 간단하고 꾸밈없이 마음을 하나님께로 돌이키는 일이 강력한 영향력을 발휘하여 그 자리에 머무르게 합니다.

이와 같이 내면세계에서 주님께로 돌이키는 간단한 일을, 주의가 산란해질 때마다 계속해서 반복하십시오. 결국에는 이러한 돌이킴이 당신의 일관적인 생활이 되리라는 것을 확신하십시오.

그러나 그렇게 될 때까지 당신은 무엇을 해야 할까요?

그렇게 될 때까지는 주의가 산만해질 때마다 주님께로 다시 돌아가기를 계속하십시오. 어떤 일이 되풀이해서 반복되면 그것은 습관이 됩니다. 당신의 영혼도 마찬가지입니다. 위와 같은 일이 많이 반복되면 영혼은 내적으로 하나님께로 돌아서는 습관을 형성하게 됩니다.

달리 말해서 당신이 그리스도 안에서 성장할수록 주님을 떠났다가 다시 돌아오는 일을 반복하지 않고 점점 더 많이 주님과 함께 거하게 될 것입니다. 외부로 방향을 돌이키는 일은 점점 줄어들게 될 것입니다. 결국 그러한 돌이킴은 표면적으로 혹은 의식적인 행위로서 나타나지 않고 당신 안의 아주 깊은 곳에서 일어나게 됩니다.

의식적이고 의도적인 매우 작은 행위로 시작되었던 것이 습관이 되고, 지속적인 것이 됩니다. 지속적이고 내적인 머무름의 행위가 당신 안에서 일어나기 시작합니다.[5]

---

[5] 어떤 그리스도인들에게는 이와 같이 하나님과 함께 거하는 일이 천천히, 조금씩 점차적으로 이루어집니다. 이러한 일의 진척 정도는 오랜 시간에 걸쳐서 관찰될 때에만 측정됩니다. 그러나 어떤 그리스도인들은 처음부터 지속적으로 하나님과 함께 거하기도 합니다. 하나님이 당신에 대해서 어떠한 작정을 해두셨는지는 문제가 되지 않습니다. 단지 내적으로 하나님께로 돌이키는 것을 계속하십시오.

지속적인 내적 머무름

지속적으로 내적인 세계에 거한다는 것은 무엇을 의미할까요?

지속적으로 깊은 내면을 향하여 있다는 것은 당신이 내면세계에서 하나님을 향하여 있고 직접적인 행위에 의하여 하나님의 임재하심 안에 머무르게 됨을 의미합니다.

이제는 더 이상 그리스도께로 방향을 돌이키는 일을 계속할 필요가 없습니다. 이미 당신은 영의 밀실에서 주님과 함께 거하는 것입니다. 당신이 다시 전환점을 만들어야 할 유일한 때는 주님과 함께 거하는 것이 중단되었을 경우입니다.

영적 생활의 이러한 단계에서는 어떤 외적인 수단으로 주님께 돌아가려고 애쓰지 마십시오. 당신이 이 같은 내적인 삶을 시작했다면, 의도적이고 외적으로 방향을 돌이키려는 행위를 하는 것도 어렵다는 사실을 알게 될 것입니다.

당신은 이미 내적으로 주님을 향해 있습니다. 따라서 그 어떤 외적인 행위도 당신을 주님과의 연합으로부터 멀어지게 할 뿐입니다.

내면세계로 돌이키는 행위를 형성하는 것이 바로 목표입니다. 이러한 행위가 당신 속에 형성되어 있다면 그것은 지속적으로 당신의 영 안에 거하는 것으로 또한 당신과 주님 사이에 끊임없이 사랑을 주고받는 것으로써 표현될 것입니다.

일단 이러한 목표가 이루어지면 외적인 행위로 그것을 추구할 필요는 없어집니다. 당신은 주님을 사랑하고 주님의 사랑을 받으려 하는 외적인 노력도 잊을 수 있습니다.

그 대신 오히려 당신의 모습 그대로 진행하십시오. 이와 같이 지속적으로 안에 거하는 것으로 하나님께 가까이 머무르기만 하면 됩니다.

안식 안에서 능동적인 영혼

이와 같이 지속적으로 하나님을 향해 있는 상태에서는 당신이 하나님의 사랑 안에 거하게 되며, 사랑 안에 거하는 사람은 하나님 안에 거하게 됩니다(요일 4:16).

이제 당신은 안식을 누리게 됩니다. 그러나 그것은 무엇을 의미할까요? 그것은 당신이 지속적으로 그와 같은 관계 속에 거하는 내적인 행위 안에서 안식하는 것을 의미합니다.

그렇다면 그와 같은 안식의 상태에서는 영혼이 능동적일까요? 수동적일까요? 능동적입니다! 당신이 안식하고 있다고 해도 수동적인 상태에 있는 것은 아닙니다.

그러나 안식을 누린다는 것에 어떠한 활동이 있을 수 있겠습니까? 당신은 하나님의 사랑 안에 거하는 행위 속에서 안식하고 있습니다. 그러나 그것이 행위가 될 수 있을까요?

그렇습니다. 당신의 영 안에서는 어떤 행위가 지속되고 있습니다. 그것은 감미롭게 하나님께로 빠져 들어가는 일입니다.

그와 같이 내면세계로 끌어당기는 힘, 즉 자인력은 점점 더 강력해지게 됩니다. 사랑 안에 거하는 당신의 영혼은 이와 같이 강력한 인력에 의해 이끌림을 받을 뿐만 아니라 그 사랑으로 끊임없이 더 깊이 빠져 들어가게 됩니다.

따라서 당신은 이 같은 내면적인 활동이 처음 내면세계로 향할 때보다 훨씬 더 커지게 되었음을 발견하게 됩니다. 내적인 활동은 당신을 자신에게로 이끄시는 하나님의 강력한 힘 아래서 더 많아지게 됩니다.

하나님께 전적으로 포기하고 맡겨 드린 그리스도인, 다시 말해 그 안에서 이러한 내적인 활동이 지속적으로 일어나고 있는 그리스도인에게는, 이러한 모든 일이 의식되지도 않습니다! 그는 이러한 활동을 의식할 수 없습니다.

그것은 그러한 활동이 모두 직접 내면세계에서 하나님께로 방향을 전환하기 때문입니다. 표면적이거나 외적인 활동은 전혀 없습니다.

이것이 바로 이러한 상태에 들어간 그리스도인들 중 어떤 사람들이 자신은 아무것도 하지 않으며, 자신 안에서는 아무런 활동이나 의식의 방향 전환이 일어나지 않는다고 하는 이유입니다.

그러나 그들은 자신도 모르게 자기들의 내면상태에 대하여 잘못 생각하고 있는 것입니다. 사실 그들은 과거의 그 어느 때보다 더 활동적이며,

또한 지속적으로 의식의 방향을 하나님께로 돌리고 있는 것입니다. 그들이 내면세계로 의식의 방향을 돌리며 하나님께로 돌아갈 때마다, 사실 그들은 활동하고 있는 것입니다.

이 사실을 더 잘 설명한다면 그들이 내면세계에서 전혀 활동을 하지 않는 것이 아니라 어떤 특별한 활동을 느끼지 못하는 것입니다.

물론 그들이 자의로 활동 혹은 의식 전환을 하지 않는 것은 사실입니다. 그러나 그들은 이끌림을 받고, 그러한 이끄는 힘을 따라가고 있는 것입니다. 사랑이란 바로 그들로 빠져 들어 가도록 내리누르는 힘입니다.

만일 당신이 바다에 빠지게 되었는데 그 바다가 무한히 깊다면, 당신은 수면으로부터 깊은 곳으로 끝없이 빠져 들어가게 될 것입니다. 지속적으로 그 사랑 안에 거하는 자리에 있는 그리스도인도 마찬가지입니다. 그는 자신이 그 사랑으로 빠져 들어가고 있다는 사실을 의식도 못하지만 그는 지금 상상할 수도 없는 속도로 하나님을 가장 깊이 체험하는 단계로 빠져 들고 있는 것입니다.

내면세계로의 항해

이제 우리는 이 장의 주제에 대하여 어떤 결론을 내릴 수 있는 자리에 이르게 되었습니다.

첫째, 하나님께로 의식의 방향을 돌이키는 행동을 우리 스스로 하는 것이 아니라고는 말하지 않겠습니다. 사실 우리는 그렇게 하고 있습니다. 우리 각 사람은 의식의 방향을 내면세계로 돌이킵니다. 그러나 우리가 어떠한 방식으로 그렇게 하는가 하는 것은 별개의 문제입니다. 내면세계로 의식의 방향을 돌리는 방식은 사람마다 다 다릅니다.

그러나 여기에 새로 그리스도인이 된 사람이 범하는 오류가 있습니다. 하나님과 함께 거하기 위한 목적으로 하나님께로 나아가려고 하는 모든 사람은 당연히 주님의 임재하심을 느끼며, 또한 주님을 외부적으로 경험할 수 있기를 기대합니다.

그러나 그것이 언제나 가능한 것은 아닙니다.

외적인 체험은 초보자를 위한 것입니다. 그와 다른 체험들이 있는데 그 체험들은 외적인 체험보다 훨씬 더 깊고 내적입니다. 그와 같은 좀 더 깊은 체험들은 영적인 체험이 있어서 좀 더 앞서 있는 그리스도인이 누리게 됩니다.

그렇다면 주님의 임재하심을 외적으로 경험하는 것은 비난받아 마땅할까요? 절대로 그렇지 않습니다!

주님을 만나는 문제에 있어서 외적인 행위들은 아주 보잘것없습니다. 또한 더 나아가서 그러한 행위들은 거의 가치가 없습니다. 당신이 그러한 초보적인 단계에서 중단한다면 그것은 좀 더 성숙한 그리스도인들이 갖는 더 깊은 체험들을 가질 수 있는 여지를 빼앗는 것입니다.

그러나 믿은 지 얼마 되지 않은 초신자가 주님의 임재하심을 외부적으로 체험하는 것 없이 깊고 내적인 수행을 시도하는 것은 중대한 오류를 범하는 것임을 분명히 해두어야 합니다.

끊임없는 전진

전도서의 저자도 그렇게 말했습니다. "범사에 기한이 있고 천하 만사가 다 때가 있나니"(전 3:1).

당신의 영혼에 있어서 이것은 특별히 사실입니다. 영혼이 통과하는 모든 변화의 상태에는 시작과 진행 및 완성이라는 단계가 있습니다. 그 어떤 단계라 하더라도 초기 단계에서 중단하는 것은 어리석은 일입니다. 당신은 배우는 시기와 진행하여 진보해 나가는 시기를 통과해야 합니다. 처음에는 열심히 노력해야 하지만 마침내 당신은 노력의 열매를 거두게 됩니다!

예를 들어 보겠습니다. 선원들이 처음에 배를 타고 항구를 벗어나 바다를 향하여 나가는 것은 아주 어려운 일입니다. 그 배가 항구에서 완전히 빠져 나가게 하기 위해서 선원들은 모든 힘을 사용해야만 합니다. 그러나 일단 그 배가 바다로 나아가게 되면 그 배는 그 선원들이 어떤 방향을 선택하든지 간에 그 방향으로 쉽게 움직입니다.

당신이 내면세계에서 하나님께로 방향을 돌리기 시작한 때에도 마찬가지입니다. 당신은 그 배와도 같습니다. 처음에 당신은 죄와 자아에 아주 강하게 묶여 있는 상태입니다. 당신은 아주 많은 반복된 노력을 해야만 내면세계에서 당신의 방향을 돌릴 수 있습니다. 그러나 결국에는 당신을 묶고 있는 밧줄들이 풀려야만 합니다.

내면세계로 계속 반복하여 방향을 돌이키십시오!

그 시도가 모두 무위로 돌아가 버린다 해도 계속해서 시도하십시오! 사방에서 당신의 주의를 산란하게 만든다 해도 그렇게 하십시오!

만일 당신이 이와 같이 계속하여 방향을 돌이키는 일을 충실하고 단호하게 계속한다면 당신은 그와 같은 자아의 항구로부터 점점 더 벗어나게 될 것입니다. 당신은 자아의 항구를 뒤로 하고 내적으로 하나님과 동거하는 자리로 나아가게 될 것입니다. 그곳이 바로 당신의 목적지이기 때문입니다!

배가 항구를 떠나면 어떤 일이 일어날까요? 그 배는 점점 더 깊은 바다로 나아가게 되며, 또한 그 배가 항구로부터 멀어질수록 움직이는 것이 더 쉬워지게 됩니다.

마침내 배가 자체의 돛을 사용할 수 있는 시기가 오게 됩니다. 이제 바닷물을 젓는 노들은 쓸모없게 됩니다. 노들은 한쪽으로 젖혀져 있게 됩니다. 이제 그 배의 항해는 더욱 빨라지게 됩니다!

그러면 조타수(操舵手)는 무엇을 해야 할까요? 그는 돛을 펴고 키를 잡습니다. 그가 하는 일이란 빠른 속도로 진행하고 있는 배의 항로를 가볍게 유지하는 것일 뿐입니다.

'돛을 편다.'라는 것은 단순한 기도로 당신을 하나님 앞에 내놓는 것을 의미합니다. 또한 하나님의 영에 의하여 움직여진다는 것입니다. '키를 잡는다.'라는 것은 당신의 마음으로 하여금 나아가야 할 진로에서 벗어나지 못하게 한다는 것입니다. 또한 그러한 마음을 다시 가볍게 원 위치로 돌려놓는 것을 의미합니다. 당신은 하나님의 영의 움직임에 따라 마음의 향로를 분명하게 지시해야 합니다.

순풍에 돛을 달고

당신이 하나님께로 움직여 나아감에 따라 점차적으로 하나님이 당신의 마음을 소유해 나가십니다. 하나님은 부드러운 산들바람이 돛을 가득 채우고 그 배를 앞으로 움직여 나가는 것과 마찬가지로 조금씩 당신의 마음을 사로잡아 나가십니다.

바람의 방향이 배의 진행을 도울 때 조타수는 자신의 일을 멈추고 휴식을 취합니다. 조타수는 배가 바람에 의하여 움직이도록 놔두고 휴식을 취합니다. 오, 그들은 그다지 지치지 않고 아주 많은 거리를 나아가게 됩니다.

그들은 한 시간 동안 전혀 노력도 하지 않고, 전에 그들의 온 힘을 사용했을 때보다도 더 많은 거리를 항해하게 됩니다. 이제 여기서 배의 노들을 사용한다면, 그것은 배의 진행 속도를 떨어뜨리며 선원들을 피곤하게 할 뿐입니다. 이제 노들은 소용이 없고 불필요합니다.

지금까지 당신이 나아가야 할 내면세계의 올바른 진로에 대하여 살펴보았습니다.

만일 하나님이 당신을 움직이신다면 과거에 반복적인 모든 노력으로 해낼 수 있었던 것보다 짧은 시간에 훨씬 더 많이 앞으로 나아가게 될 것입니다.

사랑하는 독자여, 이 길을 택해 보십시오! 반드시 이 길이 세상에서 가장 쉬운 길이라는 사실을 알게 될 것입니다.

23

예수 그리스도의 생명을 전하는 사역자들이여

사람들의 영혼을 맡고 있는 여러분이여, 저는 여러분이 그리스도 안의 그러한 어린아이들을 바로 이 길로 인도해 나가기를 촉구합니다. 그 이유는 이 길이 바로 예수 그리스도이기 때문입니다. 그러한 그리스도인들을 위하여 흘리신 피로 당신에게 촉구하시는 분은 제가 아니라 바로 그리스도 자신이십니다.

이 책의 마지막 부분이 다가오기 때문에 초신자들을 맡고 있는 사역자들에게 권고의 말을 해주고 싶습니다.

마음으로 나아가

현재의 상황에 대해서 생각해 보겠습니다. 모든 그리스도인은 잃어버린 영혼들을 회심시켜서 예수 그리스도께로 나오게 하려고 노력합니다.

이렇게 하는 가장 좋은 방법은 무엇일까요? 또한 사람들이 회심했다면 그들로 그리스도 안에서 완전함에 이르도록 도와줄 수 있는 가장 좋은 방법은 무엇일까요? 잃어버린 영혼들에게 나아갈 수 있는 방법은 마음으로 그들에게 나아가는 것입니다. 초신자에게 회심하자마자 실제적인 기도와 내적으로 그리스도를 경험하는 일을 소개한다면, 수없이 많은 초신자들이 참된 제자가 되는 것을 보게 될 것입니다.

한편으로는 초신자의 삶 속에 있는 외부적인 문제만을 다루는 현재의 방법은 거의 열매를 맺지 못한다는 사실을 발견하게 될 것입니다. 그러한 초신자들에게 셀 수 없이 많은 규칙과 온갖 규범의 짐을 지우는 것은 그가 그리스도 안에서 성장하는 것에는 도움이 되지 않습니다.

여기에 우리가 해야 할 일이 있습니다. 우리는 초신자들을 하나님께로 인도해야 합니다. 어떤 방법으로 그렇게 할 수 있을까요?

내적 지식으로의 초대

내면세계에서 예수 그리스도께로 방향을 돌이키는 방법을 배우고, 주님께 그의 온 마음을 드리는 것을 통해서입니다.

만일 당신이 초신자들을 맡은 사역자라면, 그들을 예수 그리스도에 대한 참된 내적 지식으로 인도하십시오. 그러한 지식으로 인도함을 받는 초신자들의 삶 속에는 얼마나 큰 변화가 일어나게 될까요? 그 결과를 생각해 보십시오.

순박한 농부는 밭을 갈면서 하루 온 종일을 하나님의 임재하심이라는 축복 속에 보내게 됩니다. 또한 양치는 목자는 양떼를 돌보면서, 초대 교회의 그리스도인들이 주님께 대하여 가졌던 것과 똑같이 자아를 주님께 완전히 포기하고 맡겨 드리는 사랑을 갖게 됩니다. 또한 공장에서 일하는 노동자는 겉 사람, 즉 육체로는 일을 하면서도 그의 속사람은 날로 새로워지며 새 힘을 얻게 됩니다.

죄로부터의 자유

당신은 이러한 사람들이 자신의 생활에서 모든 죄를 벗어 버리는 것을 보게 될 것입니다. 모든 사람은 예수 그리스도를 알고 체험하기로 결심하는 마음을 가진 영적인 사람으로 변하게 될 것입니다.

새로 주님을 믿게 된 그리스도인들, 즉 우리 모두가 주님을 향하여 나아가고자 한다면 무엇보다도 중요한 것은 마음입니다. 일단 우리의 마음이 하나님의 소유가 되면 그 외의 모든 사항이 필경에는 저절로 이루어지게 됩니다. 이것이 바로 하나님이 다른 무엇보다도 마음을 요구하시는 이유입니다.

사랑하는 독자여, 당신의 모든 죄가 제거되는 것은 바로 당신의 마음을 소유하시는 주님에 의해서이며 다른 방법은 없습니다. 만일 예수 그리스도께서 당신의 마음을 소유하실 수 있으시다면, 주님은 평화로 다스리실 것이며, 따라서 온 교회가 새롭게 될 것입니다.

사실 우리는 지금 초대 교회가 그 생명력과 아름다움을 상실했던 원인이었던 바로 그 문제에 대하여 이야기하고 있습니다. 그것은 바로 그리스도와의 깊고 내적이며 영적인 관계를 상실한 것이었습니다.

반대로, 이러한 내적인 관계가 회복된다면 곧 교회 자체가 회복될 수 있을 것입니다!

교리적 오류에 대한 염려

그것이 전부는 아닙니다. 바로 지금도 기독교 지도자들은 주님의 백성들이 어떤 교리적인 오류에 빠지게 되지 않을까 하는 염려에 많이 사로잡혀 있습니다. 오, 그러나 그리스도인들이 예수 그리스도를 믿고 그분께 이끌림을 받게 될 때에는 그러한 일이 일어날 위험은 전혀 없습니다!

어떤 그리스도인이 돌이켜 주님으로부터 떠난다고 하더라도 여전히 하루 종일 교리를 토론하고 논쟁할 수 있겠지만 그 모든 것이 그에게 전혀 도움이 되지 못할 것은 분명합니다. 끝없는 토론은 더 많은 혼란만을 야기할 뿐입니다.

그러한 신자에게 필요한 것은 그저 예수 그리스도를 믿고 내면세계에서 주님께로 향하도록 지도해 줄 수 있는 사람입니다. 어떤 그리스도인이라도 나와서 그렇게 해준다면, 그 사람은 곧 다시 하나님께로 인도받게 될 것입니다.

새로 믿는 그리스도인, 즉 이 문제에 관한 한 대부분의 그리스도인은 예수 그리스도와의 내적이고 영적인 관계를 상실했기 때문에 말로 표현할 수 없는 해를 당하고 있습니다.

당신이 초신자들을 맡고 있다면 하나님이 맡기신 사람들에 대하여 언젠가 직접 하나님 앞에서 보고를 드려야 합니다. 당신은 자신의 이 같은 숨겨진 보화, 즉 그리스도와의 이 같은 내적인 관계를 발견하지 못한 것에 대해서와, 또한 당신이 맡은 사람들에게 그러한 보화를 나누어 주지 못한 것에 대하여 책임을 져야 합니다.

그 날에는 주님과 동행하는 길, 즉 영적인 삶이 너무 위험했다거나, 순박하고 교육을 받지 못한 사람들은 영적인 사항들을 이해할 수 없기 때문이라는 등의 변명을 할 수 없습니다. 성경이 그런 억지는 정당화시켜 주지 않습니다.

순박하고 교육받지 못한 사람들에 대한 염려

이런 영적인 삶에 위험이 따른다는 주장에 대해서는 어떠할까요? 여기에 정말로 어떠한 위험이 따를까요? 유일한 참된 길, 예수 그리스도 안에서 행하는 것에 어떠한 위험이라도 있을까요? 당신을 완전히 주 예수께 맡겨 드리고, 또한 의식의 방향을 지속적으로 주님께 고정시키는 것에 어떠한 어려움이라도 따를까요? 당신이 주님의 은혜를 온전히 신뢰하며, 또한 마음으로부터 쏟아 낼 수 있는 모든 사랑과 정열을 가지고 순수하게 주님을 따르는 것에서부터 과연 해(害)가 비롯될 수 있을까요?

순박하며 교육을 받지 못한 사람들에게는 그리스도와의 이러한 내적인 관계에 들어갈 수 있는 능력이 없다는 것은 사실이 아닙니다. 그 반대입니다.

사실은 그런 사람들이 이 관계에 더 적합합니다. "거짓 입술은 여호와께 미움을 받아도 진실하게 행하는 자는 그의 기뻐하심을 받느니라"(잠 12:22). 그들은 겸손하고, 단순히 하나님을 의뢰하며 순종하기에, 내면세계로 의식의 방향을 돌이키며 주님의 영을 따르는 것이 더 쉽습니다. 이런 일에는 이들이 대부분의 사람들보다 더 적합합니다!

이렇게 순박한 그리스도인들은 분석하는 일에는 익숙하지 않습니다. 그들은 쟁점이 되는 문제를 토론하는 습관도 가지고 있지 않습니다. 또한 이들은 자신들의 견해를 쉽게 포기하기도 합니다.

그렇습니다. 이들은 많은 교육이나 경건 훈련은 받지 못했습니다. 그러나 바로 그것 때문에 성령님의 인도하심을 받는 일에는 더욱 자유롭고 민감할 수 있습니다.

다른 사람들, 즉 좀 더 재능이 있고, 더 나은 교육과 신학적인 훈련을 받은 사람들은 오히려 자신들의 영적인 풍요로움으로 인하여 경직되어 있거나, 영적으로 소경이 되어 있기도 합니다. 그런 사람들은 내적인 기름 부으심과, 또한 성령님의 인도하심에 대하여 더 큰 거부감을 보이는 경우가 아주 흔합니다. 시편 저자는 다음과 같이 말합니다.

"주의 말씀을 열면 빛이 비치어 우둔한 사람들을 깨닫게 하나이다"(시 119:130, 원문은 "하나님께서는 단순한 자들에게 친히 자신의 율법을 깨닫게 하시는도다"로 되어 있음 – 역자 주).

더 나아가서 하나님은 자신을 필요로 하는 사람들에게 자신을 내어 주기를 기뻐하십니다.

"여호와께서는 순진한 자를 지키시나니 내가 어려울 때에 나를 구원하셨도다"(시 116:6, 원문은 "하나님께서는 단순한 자들을 돌아보시나니 내가 심히 낮아졌을 때에 나를 구원하셨도다"로 되어 있음 – 역자 주).

만일 당신이 초신자들을 돌아보아야 할 책임을 맡고 있는 사람이라면 그러한 영적 어린아이들이 예수 그리스도께로 나아가는 것을 방해하지 않도록 주의하십시오.

예수님이 제자들에게 하신 말씀을 기억하십시오. "어린아이들을 용납하고 내게 오는 것을 금하지 말라 천국이 이런 사람의 것이니라"(마 19:14). (예수님이 이런 말씀을 하신 것은 어린아이들이 예수 그리스도께 나오는 것을 제자들이 막으려고 했기 때문이었습니다.)

근본적으로 변화되지 못하는 이유

모든 세대에 걸쳐 신체 내부의 깊은 곳의 질병에 대한 처방을 신체의 표면에 하는 것이 관행이었습니다.

그렇게나 많은 노력에도 불구하고 초신자들이 근본적으로 여전히 변화되지 못하는 이유는 무엇일까요? 그것은 그들을 책임지고 있는 사람들이 그들의 삶의 표면적인 문제들에 대해서만 관심을 가지고 다루려 했기 때문입니다.

여기에 더 좋은 방법이 있습니다. 곧장 핵심, 곧 마음으로 들어가는 것입니다. 여러 가지 규범을 제시하여 외적인 행동을 변화시키려고 애쓰는 것은 그리스도인의 삶 속에서 지속적인 결과를 내게 하지는 못합니다.

그렇다면 이 문제에 대한 해결 방법은 무엇일까요?

초신자들에게 자신의 영으로, 자신의 존재의 내면세계로 들어가는 열쇠를 주십시오. 먼저 이 비밀을 알려 주십시오. 그러면 이제 당신은 그의 외적인 생활이 자연스럽게, 쉽게 변해 가는 것을 보게 될 것입니다.

이러한 모든 일은 아주 쉽게 이루어집니다. 어떠한 방법으로 그렇게 될까요? 단지 초신자에게 자신의 마음속에서 하나님을 찾는 방법을 가르치기만 하십시오. 초신자에게 자신의 생각을 그리스도께 고정시킬 수 있으며, 생각이 흐트러질 때마다 다시 주님께 돌아갈 수 있다는 사실을 보여 주십시오. 더 나아가서 하나님을 기쁘시게 해드리겠다는 한 가지 목적을 가지고 모든 것을 하며 인내해야 한다는 사실을 깨닫게 해주십시오. 엄청난 변화가 있을 것입니다.

그 초신자는 예수 그리스도께로 인도함을 받게 될 것이며, 주 예수 그리스도께서 모든 은혜의 근원이심을 발견하게 될 것이고, 인생과 경건 생활에 필요한 모든 것이 주님 안에 있다는 것을 이해하게 될 것입니다.

하나님의 영의 기도

사람들의 영혼을 맡고 있는 여러분이여, 저는 여러분이 그리스도 안의 그러한 어린아이들을 바로 이 길로 인도해 나가기를 촉구합니다. 그 이유는 이 길이 바로 예수 그리스도이기 때문입니다. 그러한 그리스도인들을 위하여 흘리신 피로 당신에게 촉구하시는 분은 제가 아니라 바로 그리스도 자신이십니다.

"너희는 예루살렘의 마음에 닿도록 말하며"(사 40:2).

그분의 말씀을 전하는 설교자들이여! 그분의 은혜를 받아 나누어주는 자들이여! 그분의 생명을 전하는 사역자들이여! 바로 당신들이 하나님의 나라를 세워야 합니다. 하나님 나라를 세우기 위해서는 그분을 마음의 통치자로 삼으십시오.

다시 한 번 강조하겠습니다. 마음이 열쇠입니다. 마음만이 하나님의 주권을 반대할 수 있습니다. 그러나 역으로 마음을 다스리게 되면 그리스도인의 삶 가운데서 주님의 주권이 고백되고 아주 존귀히 여김을 받게 됩니다.

"만군의 여호와 그를 너희가 거룩하다 하고……그가 거룩한 피할 곳이 되시리라"(사 8:13-14).

이러한 간단한 체험, 즉 이 같은 마음의 기도를 가르치십시오. 방법을 가르치지 마십시오. 고상하게 기도하는 방법을 가르치지 마십시오. 인간이 고안해 낸 어떤 것이 아니라 하나님의 영의 기도를 가르치십시오.

주의하십시오! 그리스도인에게 아름다운 형식과, 아무런 의미도 없이 반복적으로 기도하는 것을 가르치는 당신들이여! 당신들이 실제로는 초신자들이 가진 큰 문제들을 일으키는 장본인입니다. 자녀들은 가장 훌륭한 아버지들에 의하여 잘못된 길로 나가기도 합니다. 초신자는 자신의 기도 형식을 지나치게 의식하고 있으며, 기도하는 방법에 대해서도 지나칠 정도로 관심을 가지고 있습니다. 더 나가서 그들은 너무나 세련되고 고상한 언어를 배워 왔습니다.

하나님께로 나아가는 간단한 방법의 가치는 보이지 않게 되었습니다.

단순하고 가식 없는 사랑

당신은 이제 막 그리스도께 나온 초신자입니까? 그렇다면 집을 떠난 불쌍한 아이여, 당신을 사랑하시는 아버지께 돌아가십시오. 그분께 당신 자신의 말로 정직하게 말씀드리십시오. 당신이 사용하는 단어가 아무리 미숙하고 단순해도 바로 그분에게는 그것이 미숙하고 단순한 단어가 아닙니다!

때로는 당신이 사용하는 단어가 분명하지 않고, 혼란스러워 보일 수 있습니다. 때로는 당신이 그분의 임재하심을 보고 사랑하는 마음과 놀라움으로 가득 차서 무슨 말을 해야 할지 모르는 경우도 있을 것입니다.

그러나 상관없습니다! 당신의 아버지는 무미건조하고 생명이 없으며 미사여구로 드려지는 기도보다 당신이 사용하는 그런 단어, 사랑으로 가득 찬 마음으로부터 쏟아져 나오는 그 기도를 더욱 기뻐하십니다. 단순하고 가식이 없는 사랑의 감정이, 그 어떤 언어보다도 하나님께 무한히 더 많은 것을 표현해 드리는 것입니다.

어떤 이유들로 인하여 사람들은 형식과 규칙들을 가지고 하나님을 사랑하려고 노력합니다. 사랑의 많은 부분을 잃게 된 것이 바로 그러한 형식과 규칙들 때문이라는 사실을 깨닫지 못하고 있습니까?

사랑의 기술을 가르친다는 것은 얼마나 부질없는 일일까요!

사랑하지 않는 사람들에게는 사랑의 언어가 이상하고 부자연스럽습니다. 오! 그러나 사랑하는 사람에게는 그것이 완전히 자연스럽습니다.

그러면 당신은 하나님을 어떻게 사랑하겠습니까?

예수 그리스도와의 내적인 관계로 가장 깊이 들어가는 사람이 가장 단순한 사람이라는 사실은 놀라우면서도 반가운 일입니다! 그 이유는 하나님의 영, 즉 성령께서는 미사여구를 필요로 하지 않으시기 때문입니다!

아무리 둔한 사람이라도 의식이나 형식, 또는 신학적인 고양 등의 도움이 없이도 그리스도를 가장 깊이 알 수 있습니다! 하나님이 원하신다면 그분은 공장의 노동자들을 들어 선지자로 사용하십니다!

하나님은 사람으로 하여금 내면세계의 기도의 성전으로부터 등을 돌리게 하지 않으십니다! 오히려 그 반대입니다. 하나님은 모든 사람이 다 들어올 수 있도록 기도의 성전의 문을 친히 활짝 여십니다!

"어리석은(원문은 '순박한' 혹은 '단순한'-역자 주) 자는 이리로 돌이키라 또 지혜 없는 자에게 이르기를 너는 와서 내 식물을 먹으며 내 혼합한 포도주를 마시고"(잠 9:4-5).

예수님은 "이것을 지혜롭고 슬기 있는 자들에게는 숨기시고 어린아이들에게는 나타내심"(마 11:25)에 대하여 아버지께 감사를 드리셨습니다.

24

가장 놀랍고 소중한 거룩한 연합

당신은 단순성과 수동성 안에서만 하나님과 연합할 수 있습니다. 하나님이 모든 것이 되셨다는 점이 단순하며, 모든 일에 있어서 인간의 뜻을 하나님의 뜻에 맞춘다는 점은 수동적이라는 것입니다. 이러한 연합은 아름다움 그 자체입니다. 그러므로 이 길은 선한 것일 수밖에 없다는 결론이 나오게 됩니다. 이 길은 위험으로부터 가장 안전한 길이며, 따라서 가장 좋은 길입니다.

이제는 그리스도인의 체험의 궁극적인 단계에 대하여 살펴볼 때가 되었습니다.

거룩한 연합

거룩한 연합(Divine Union), 이것은 우리의 체험만으로는 일어날 수 없는 사건입니다. 묵상이 거룩한 연합을 가져다주는 것도 아닙니다. 사랑이나 예배, 경건 생활이나 희생도 그렇게 할 수 없습니다. 또한 주님이 당신에게 얼마나 많은 빛을 비추어 주시는가 하는 것도 문제가 되지 않습니다.

궁극적으로 이 연합이 실현되기 위해서는 하나님의 행하심이 있어야 합니다.

구약성경에서는 "나를 보고 살 자가 없음이니라"(출 33:20, 원문에는 "하나님을 보고서도 살아남을 수 있는 사람은 아무도 없다"로 되어 있음-역자 주)라고 말하고 있습니다.

만일 당신의 기도가 아직도 당신의 생명을 담고 있다면, 그러한 기도에서는 하나님을 볼 수 없습니다. 당신의 생명으로는 하나님의 생명과의 연합을 체험할 수 없습니다.

당신의 행위에 속한 모든 것, 당신의 생명으로부터 나오는 모든 것, 심지어 그것이 당신의 가장 숭고한 기도라 할지라도 먼저 제거되어야만 거룩한 연합이 이루어질 수 있습니다.

당신의 생각으로부터 나오는 모든 기도는 단지 당신으로 수동적인 상태로 들어가게 하는 준비 과정일 뿐입니다. 당신의 모든 묵상도 마찬가지로 당신으로 수동적인 상태로 들어가게 하기 위한 준비 과정입니다.

이러한 활동들은 준비 과정일 뿐이며, 그 자체가 목적은 아닙니다. 목적에 이르기 위한 한 가지 방법입니다.

그 모든 것의 목적은 하나님과의 연합입니다.

이 책의 목적은 당신에게 기도나, 또는 어떤 체험에 대해서 알려 주는 것이 아닙니다. 오히려 그리스도인의 궁극적인 상태인 하나님과의 연합의 상태로 당신을 인도해 주는 것입니다.

요한이 요한계시록 8장 1절에서 하늘에 고요함이 있었다고 말한 사실을 기억할 것입니다.

이것이 바로 가장 깊은 내면 중심의 상태에 대한 모습입니다. 하나님의 위엄이 나타날 때에는 모든 것이 다 고요해지고 침묵의 상태로 들어가게 되는 것이 틀림없습니다.

자아와의 결별

자아의 노력은 다 잠잠해져야 합니다. 그러나 그보다 더 중요한 것이 있습니다! 자아의 존재 자체가 무너져 없어져야 합니다.

이 우주에는 하나님과 정반대되는 것이 있습니다. 그것은 자아입니다. 자아의 활동은 인간의 모든 악한 행동뿐만 아니라 모든 악한 속성의 근원입니다. 자아를 버리면 영혼은 더 순수해집니다! 실제로 영혼이 정결하게 되는 것은 자아를 버리는 것에 정비례합니다.

당신이 어떤 방식으로든 자아의 속성을 가지고 있는 한 결점들이 계속 존재하게 됩니다. 그러나 당신이 자아를 떠난다면 어떤 결점도 존재할 수 없게 되며, 따라서 완전히 정결하며 순수해지게 됩니다.

타락의 결과로 영혼에 들어와서 영혼과 하나님 사이에 차이가 발생하도록 했던 것은 바로 자아입니다.

그렇다면 영혼과 하나님과 상반되는 대상들이 도대체 어떻게 연합될 수 있을까요? 하나님의 정결하심과 인간의 부정함이 어떻게 하나가 될 수 있을까요? 하나님의 단순함(simplicity), 혹은 단일성(singleness)과 인간의 복잡함, 혹은 끊임없는 변덕이 어떻게 하나로 융합될 수 있을까요?

물론 여기에는 당신이 할 수 있는 노력보다 훨씬 더 많은 것이 요구됩니다.

전능하신 하나님의 활동

그렇다면 이러한 연합이 이루어지기 위하여 필요한 것은 무엇일까요? 전능하신 하나님의 활동입니다. 어쨌든 이것만이 연합을 이루어 낼 수 있습니다.

두 가지 대상이 하나가 되기 위해서는 그 두 가지가 모두 비슷한 속성을 가지고 있어야만 합니다. 예를 들면 먼지의 더러움이 순금의 깨끗함과 연합될 수는 없습니다. 여기서 찌꺼기를 제거하고 금을 깨끗한 상태로 남게 하기 위해서는 불이 개입되어야 합니다.

이것이 바로 당신 안에 있는 모든 더러운 것을 제거하기 위하여 하나님이 이 땅에 불을 보내시는 이유입니다. 이것은 하나님의 지혜라고 불립니다. 그 불의 세력 앞에서 버틸 수 있는 것은 없습니다. 그 불은 모든 것을 다 태웁니다.

하나님의 지혜가 인간 속에 있는 더러운 것을 모두 태워 없애 버리는 데는 오직 한 가지 목적이 있습니다. 즉 인간을 거룩한 연합에 합당하게 만드는 것입니다.

당신 속에는 더러움이 있습니다. 그것은 당신이 생각하는 것보다 훨씬 많습니다. 그런데 바로 그것이 하나님과의 연합에는 치명적인 요소가 됩니다. 그러나 주님은 당신과 연합하여 하나가 되고자 하시는 불타는 마음을 가지고 계십니다. 그렇기 때문에 주님이 그 찌꺼기를 태우실 것입니다.

이러한 일이 실제로 일어날 때에도 놀라지 마십시오.

이러한 부정함 혹은 부정한 것의 이름은 무엇일까요? 그것은 자아입니다. 자아는 모든 불결함의 근원이며, 이것은 정결함, 혹은 정결하신 분과의 그 어떤 연합이라도 방해합니다!

태양 광선이 진흙 위에 비칠 수는 있습니다. 그러나 그 태양 광선은 결코 진흙과 섞일 수 없습니다.

그러나 연합을 방해하는 것에는 자아 외에 다른 것도 있습니다.

하나님의 고요함에 참여함

활동은 그러한 연합과 본질적으로 반대됩니다. 그 이유는 하나님은 무한한 고요함 자체이시기 때문입니다. 영혼이 주님과 연합하기 위해서는 하나님의 고요함에 참여해야만 합니다.

활동은 동화(assimilation)를 막습니다.

바로 이러한 이유 때문에 우리의 인간적인 의지를 쉬게 하지 않고서는 결코 거룩한 연합에 이를 수 없습니다. 당신은 당신이 처음 창조되었을 때와 마찬가지로 쉼을 누리며 정결하게 될 때까지 하나님과의 하나 됨은 결코 체험하지 못할 것입니다.

하나님은 당신의 영혼을 깨끗하게 해주시기를 원하십니다. 하나님은 연금사가 풀무불 속에서 금속을 정련하는 것과 마찬가지로 그 지혜로 친히 당신의 영혼을 깨끗하게 연단하십니다. 불만이 금을 깨끗하게 할 수 있는 유일한 수단입니다.

다시 말하지만 우리를 철저하게 태우는 불이 바로 하나님의 가장 높으신 지혜입니다.

세상적인 것을 모두 불사르는 정화의 불꽃

이 불은 세상적인 것을 모두 불사릅니다. 불은 모든 이질적인 것을 제거하고, 그러한 것들을 금으로부터 분리시킵니다.

불은 마치 세상적인 혼합물이 바뀌어 금이 될 수 없다는 것을 알고 있는 것 같습니다. 불은 이러한 찌꺼기들을 불의 세력으로 녹이고 분해시켜서 금으로부터 모든 이질적인 입자를 제거합니다.

금에 있는 모든 오염의 흔적이 사라질 때까지 금은 여러 번 반복해서

풀무불 속에 던져져야 합니다.

오! 금이 얼마나 많이, 심지어는 필요한 횟수보다도 더 많이 다시 풀무불 속으로 던져질까요?

그러나 당신은 연금사가 다른 누구도 볼 수 없는 불순물까지도 볼 수 있다는 것을 확신해도 좋습니다. 금은 금이 더 이상 정련될 수 없다는 결정적인 증거가 나올 때까지 몇 번이고 다시 반복하여 불 속에 던져져야만 합니다.

마침내 연금사가 금에 섞여 있는 불순물을 더 이상 발견해 낼 수 없는 순간이 옵니다. 불이 순수성 혹은 단순성을 완성시켰다면 불은 더 이상 금에 와 닿지 않게 됩니다. 이제 금은 영원히 불 속에 있게 된다 해도 금의 무흠성이 개선된다거나, 금의 실중량이 줄어들지는 않습니다!

이제 금은 가장 훌륭한 세공품을 만들어 내기에 합당한 재료가 된 것입니다.

앞으로는 금이 더러워져서 그 아름다움을 잃게 된다 해도, 그것은 단지 금의 표면에만 영향을 미치는 임시적인 오염에 불과합니다. 먼지 등의 이러한 오염은 금그릇을 사용하는 데에는 아무런 지장도 주지 않습니다. 표면에 묻는 이 같은 이물질은, 금 속에 깊이 숨겨진 속성을 오염시키는 것과는 거리가 아주 멉니다.

금그릇의 표면에 어떤 먼지가 묻어 있다고 해서, 순금으로 된 그 그릇을 사용하기를 거부하고, 오히려 그 대신 표면에 번쩍번쩍 광이 난다는 이유만으로 값싼 금속 그릇을 사용하기를 더 좋아할 사람은 드물 것입니다.

제 말을 오해하지 말기 바랍니다. 저는 하나님과 연합되어 있는 사람들의 삶 속에 있는 죄에 대하여 변명하는 것이 아닙니다. 저는 결코 그러한 생각을 가져본 일이 없습니다.

저는 단지 여기서 자연적인 결점, 즉 하나님이 가장 훌륭한 성도일지라도 교만해지는 것을 친히 막으시며, 또한 겉모습만을 보고 판단하는 사람들의 칭찬으로부터 그들이 교만해지지 않게 하시려는 분명한 의도를 가지고 그들 속에 남겨 두시는 결점에 대해서 말하고 있을 뿐입니다.

하나님은 친히 자신의 성도들 가운데 가장 거룩한 사람들에게 결점이 있게 하사, 그 성도를 타락으로부터 지켜 주시며 "그들을 주의 은밀한 곳에"(시 31:20, 원문에는 "그들을 주님의 임재하심의 은밀한 곳에"로 되어 있음 – 역자 주) 숨기기도 하십니다.

순금과 합금

계속해서 순금과 합금의 차이에 대해서 살펴보겠습니다.

당신이 연금사라면 순금을 불순물이 섞인 금과 결코 섞으려 하지 않을 것입니다. 값싼 금에는 불순물이 섞여 있습니다. 따라서 그는 그 불순물을 값비싸고 정제된 금과 섞지는 않을 것입니다.

그 두 가지 금을 섞으려면 연금사는 어떻게 해야 할까요?

이제 연금사가 해야 할 일은 불순물이 섞여 있는 금을 불로 열처리하는 것입니다. 그는 가치가 떨어지는 그 금이 정제된, 혹은 정련된 금처럼 순수해질 때까지 계속해서 그 일을 반복할 것입니다. 그 후라야, 오직 그 후라야 그 두 가지 금이 하나로 연합되고 섞여지게 될 것입니다.

바로 이러한 사상이 바울의 다음과 같은 선언에 담겨 있습니다.

"그 불이 각 사람의 공적이 어떠한 것을 시험할 것임이라"(고전 3:13).

그 후에 바울은 다음과 같이 덧붙입니다.

"누구든지 그 공적이 불타면 해를 받으리니 그러나 자신은 구원을 받되 불 가운데서 받은 것 같으리라"(고전 3:15).

바울은 어떤 사람의 공적이 아주 오염되고 불순물 같은 것이 많이 섞여 있을지라도 주님이 긍휼하심으로 그 사람을 받아 주시기는 하지만, 그 사람은 자아로부터 깨끗하게 되기 위하여 불을 통과해야 할 정도인 경우도 있다는 사실을 암시해 주고 있습니다.

로마서 3장 20절에서 같은 의미가 발견됩니다. 여기서는 하나님이 우리의 의를 조사하시고 심판하시는 분으로 언급되고 있습니다.

로마서는 율법의 행위로는 어떤 사람도 의롭다 하심을 얻을 수 없다고 선언합니다. 의롭다 하심을 받는 것은 하나님의 의로 말미암으며, 예수 그리스도를 믿는 믿음으로 얻어집니다.

하나님의 공의와 지혜는, 자비란 전혀 없고 모든 것을 삼켜 버리는 듯한 불처럼 임하는 것이 틀림없습니다. 그 불은 모든 세속적인 것을 다 태워서 제거해 버립니다. 그 불은 관능적이고 육적인 모든 자아의 활동을 제거시켜 줍니다. 영혼이 하나님과 연합되기 전에는 먼저 이 같은 모든 정화의 과정이 필요합니다.

능력과 권능으로 임하시는 하나님

사랑하는 독자여, 당신은 분명히 이 같은 정화의 과정이 당신에게 일어나는 것을 허용할 만큼의 충분한 동기를 부여받지 못했을 것입니다. 인간은 본성적으로 그러한 변화에 응하는 것을 꺼립니다.

우리 모두는 자아에 대하여 아주 큰 애착을 가지고 있으며 따라서 자아가 무너지는 것을 매우 두려워합니다. 당신도 하나님이 친히 역사해 주지 않으신다면 결코 그 일에 동의하지는 않을 것임을 잘 알고 있습니다. 능력과 권능으로 임하시는 분은 바로 하나님이십니다.

인간이 하나님과의 연합에 들어가도록 하는 책임은 하나님께 있어야만 합니다.

그러나 이것이 가능할까요? 하나님은 인간의 동의 없이도 인간에게 역사하실까요?

인간의 자유 의지에 대한 하나님의 강요는 하나님의 원칙에 대한 이율배반이 아닐까요? 결국 인간의 자유 의지는 인간이 자신의 생애에 대한 하나님의 역사를 거부할 수 있다는 것이 아니었나요?

그렇다면 당신이 처음으로 회심하고 믿었던 순간으로 돌아가 보겠습니다. 그때 당신은 당신의 존재를 하나님께 남김없이 완전히 내어 드렸습니다. 그뿐 아니라 당신은 하나님이 당신에 대하여 가지신 뜻에 대해서도 자신을 완전히 맡겨 드렸습니다.

하나님이 요구하시는 것이 그 어떤 것이라 해도 그에 대하여 전적으로 동의했고 드렸던 것도 바로 그때였습니다.

오! 주님이 실제로 그와 같이 태우고 제거하고 깨끗하게 정화시키시는 일을 시작하셨을 때, 그것이 당신의 삶 가운데서 역사하시는 하나님의 손이었다는 사실을 깨닫지 못했음도 사실입니다.

물론 당신은 그러한 역사하심이 좋은 것이라는 사실도 깨닫지 못했습니다. 당신은 하나님의 역사하심에 대하여 그와는 정반대의 인상을 가지고 있었던 것입니다.

오히려 당신은 당신 안에 있는 그 아름다운 모든 금이 불 속에서 기대대로 광채를 발하는 것이 아니라, 검게 변하는 것을 보았습니다. 당신은 삶 속에서 모든 비참한 일을 만들어 내는 주변 상황들을 지켜보며 서 있었습니다. 따라서 당신은 삶 가운데의 모든 정결함이 손해인 것으로 생각했습니다.

만일 바로 그 순간 주님이 오셔서 당신의 능동적인 동의를 구하셨다면, 당신은 그렇게 하려고 하지 않았을 것입니다. 아마도 결코 동의하지 않았을 가능성이 더 큽니다.

그러나 그와 같은 시기에도 당신이 할 수 있는 일이 있습니다. 하나님이 당신의 삶 속에 개입시키시는 모든 것을 최대한 인내하며 견디면서 수동적으로 동의하는 상태를 굳게 유지하는 것입니다.

제가 말하려는 것이 무엇일까요?

그와 같이 어둡고 어려운 순간에는 당신이 주님께 능동적으로 동의할 수 없다는 것도 사실이지만, 또한 주님의 행하심에 대해서 반대할 수도 없습니다. "예!"라고 대답할 수 없지만 또한 "안 됩니다!"라고 말할 수도 없는 것입니다.

그렇다면 당신이 할 수 있는 것은 무엇일까요?

이러한 두 가지 문제에 몰리면 당신은 아무것도 할 수 없다는 사실을 발견하게 됩니다.

그러한 상황에서 당신은 주님께 당신의 수동적인 동의를 표해 드리게 됩니다! 이때 하나님이 완전한 권세와 전적인 인도의 권한을 맡으시는 것은, 우리의 권리를 침해하시는 것이 아닙니다!

영혼의 능동성과 수동성

이러한 전개 과정을 이해할 수 있겠습니까?

처음 믿고 회심할 때는 자아의 능동적인 활동부터 시작됩니다. 그러나 점진적이기는 하지만 당신은 수동적인 상태로 나아가게 됩니다. 당신의 영혼은 이 같은 두 가지 사이의 길, 즉 영혼의 능동성과 수동성 사이의 길을 따라서 점진적으로 독특하고 다양한 영혼의 활동들로부터 정화되어 나가게 됩니다.

자아의 능동적인 활동과 수동적인 상태 사이에서의 이러한 진행 과정에서 당신은 하나님으로부터 당신을 멀어지게 하는 요소들을 인식하게 됩니다. (제가 이 장에서 언급한 것들이 바로 당신과 당신의 중심이신 분 사이에 있는 요소들입니다.)

그 다음, 당신을 정결하게 하시는 하나님의 불에 수동적으로 동의함으로써, 하나님은 당신을 점점 더 수동적인 상태로 인도해 나가시게 됩니다.

수동적인 상태가 되는 당신의 능력은 점점 더 증가하게 됩니다. 하나님 앞과 짓누르는 듯한 십자가 아래서도 수동적인 상태가 될 수 있는 능력, 즉 하나님의 행하심에 대하여 능동적으로 "예!"라고 말하거나 능동적으로 "안 됩니다!"라고 말하는 것도 아닌 이 능력은 비밀스러우면서도 보이지 않게 커지게 될 것입니다.

이제 당신은 하나님의 깊이로 이끌려 들어가는 첫 단계를 통과하고 있습니다. 하나님이 친히 당신을 자신의 정결함에 맞게 변화시켜 나가고 계시는 것입니다.

그러나 하나님이 당신을 이끌어 나가시는 것에는 두 가지 단계가 있습니다. 그 두 번째가 바로 하나님과의 하나 됨(uniformity)입니다.

우리는 지금까지 하나님께 맞도록 변화되어 나가는 첫 번째 단계에 과정이 있다는 사실을 살펴보았습니다. 이 두 번째 단계에도 과정이 있습니다.

점차적으로 자신의 노력은 줄어들게 됩니다. 그러다가 결국에는 완전히 중단됩니다. 자아의 노력이 중단되면, 당신은 하나님 앞에서 수동적인 상태에 있게 됩니다.

이제 당신은 하나님과 하나 됨에 이르게 되었습니다.

이것은 수동적인 상태를 넘어선 것입니다. 달리 표현한다면 이것은 바로 그러한 수동적인 상태의 궁극적인 목표이기도 합니다. 당신이 전적으로 완전히 하나님께 흡수될 때까지, 당신이 성령님의 역사하심(impulse)에 완전히 내어 맡기기 시작하게 되는 것도 바로 이 시기부터입니다. 당신은 모든 면에서, 그리고 언제든지 하나님의 뜻에 전적으로 일치하여 있게 됩니다.

이것이 바로 연합입니다. 즉 거룩한 연합입니다. 이제 자아에 관한 일은 끝났습니다. 인간의 의지는 전적으로 수동적인 상태에 있으며, 하나님의 뜻의 모든 움직임에 따라 반응하게 됩니다.

경고할 필요는 없겠지만, 이러한 상태에 도달하기까지는 정말로 오랜 시간이 걸리는 과정을 거쳐야 합니다.

거룩한 연합의 노정

그리스도 안의 그와 같이 깊은 체험에 도달하기 위해서 행동과 노력이 수반되었습니까?

그렇습니다. 자아의 활동은 그러한 경지로 들어가는 관문입니다. 그러나 그러한 관문에만 머물러 있으면 안 됩니다. 사실 당신의 목표와 지향하는 바는 언제나 한 지점, 즉 궁극적인 완전함이어야 합니다.

간곡히 부탁하는 바는 제발 이 '보조 수단들'과 '버팀목들'은 이 여정을 따르다가 적당한 시기에 집어 던지라는 것입니다. 그렇지 않으면 궁극적인 목표에 도달하지 못하게 될 것입니다.

그렇습니다. 자아의 속성뿐 아니라, 제가 이 책의 처음 부분에서 소개한 바 있는 모든 보조 수단도 던져 버리십시오. 그것들은 초기 및 진행 단계에서 당신을 돕기 위한 기초적인 버팀목들일 뿐입니다. 그러나 궁극적으로 예수 그리스도를 체험하는 마지막 단계로 나아갈 때는 모든 것을 다 내려놓으십시오.

이 여정을 출발할 때에는 보조 수단들이 필요하지만 나중에 가서는 그것들이 방해가 됩니다. 그렇지만 일부 그리스도인들은 여전히 그 목발들에 집착합니다.

바로 이런 이유들 때문에 바울은 다음과 같이 선언합니다.

"뒤에 있는 것은 잊어버리고 앞에 있는 것을 잡으려고 푯대를 향하여 그리스도 예수 안에서 하나님이 위에서 부르신 부름의 상을 위하여 달려가노라"(빌 3:13-14).

한 여행자가 있습니다. 그는 아주 먼 여행을 시작했습니다. 이제 그가 첫 번째 여관에 도착했습니다. 그런데 영원히 그 여관에 머무릅니다. 그의 변명은 무엇일까요? 많은 여행자가 그 길로 와서 바로 그 여관에서 머물렀다는 이야기를 들었다는 것입니다. 그 집 주인도 한 번은 그곳에 살았었다는 것입니다.

물론 여행자가 바로 이 이유 때문에 첫 번째 여관에서 떠나지 않고 머물러 있다면 정신이 나간 일일 것입니다.

오, 그대여! 최후의 목적지를 향하여 중단 없이 나아가십시오. 가장 짧은 지름길을 택하십시오. 가장 쉬운 길로 가십시오. 이미 그 길은 지도에 표시되어 있습니다.

단 이것만은 기억하십시오. 그 첫 번째 단계에서 중단하지 말라는 것입니다.

사도 바울의 권면을 따르십시오. 하나님의 영의 인도를 받도록 자신을 내어 드리라는 것입니다(롬 8:14). 하나님의 영은 당신의 영혼이 창조된 궁극적인 목표로 인도해 주십니다. 그러한 궁극적인 목적이란 바로 하나님을 누리는 것입니다.

가장 놀랍고 가장 소중하며 다함이 없는 풍요로움

잠시 중단하고 당신 앞에 놓여 있는 길의 타당성에 대해서 생각해 보겠습니다.

먼저 우리는 하나님은 최고로 좋은 분이심을 인정해야 합니다. 물론 그 다음에는, 궁극적인 축복의 상태란 하나님과 연합되는 것입니다.

모든 성도는 다 하나님 안에서 영광을 가집니다. 그러나 우리 각 사람에게 있는 영광은 무척 다릅니다. 그 이유는 무엇일까요? 그리스도인의 영광이 그가 하나님과 연합된 정도에 따라 다르기 때문입니다.

지금까지 살펴본 대로 자아의 노력이나 활동 혹은 자신의 능력으로는 영혼이 이런 영광에 도달할 수 없습니다. 그것은 하나님만이 인간의 영혼에 하나님 자신을 전달하실 수 있을 뿐 아니라, 하나님은 그 영혼이 수동적인 상태에 있을 수 있는 정도에 따라서 자신을 전달하시기 때문입니다.

그러므로 크고 고상하며 광범위한 수동적인 능력은 주님이 그 영혼에게 친히 자신을 쏟아 부으시는 일을 돕습니다.

그 다음에, 당신은 단순성과 수동성 안에서만 하나님과 연합할 수 있습니다. 하나님이 모든 것이 되셨다는 점이 단순하며, 모든 일에 있어서 인간의 뜻을 하나님의 뜻에 맞춘다는 점은 수동적이라는 것입니다.

이러한 연합은 아름다움 그 자체입니다. 그러므로 수동적인 상태로 나아가는 길과, 또한 그곳으로부터 그리스도께로 나아가는 길은 선한 것일 수밖에 없다는 결론이 나오게 됩니다. 이 길은 위험으로부터 가장 안전한 길이며, 따라서 가장 좋은 길입니다.

그러나 하나님과의 연합을 체험하는 것에 위험이라는 것이 있을까요? 어떤 사람들은 그렇다고 말함으로써 하나님과의 연합을 단념하게 하기도 합니다. 그러나 이러한 체험, 즉 이와 같이 완전한 행보와, 그러한 꼭 필요한 길이 위험한 것이라면 주님이 그것을 만들어 두셨겠습니까? 그렇지 않습니다!

그러한 상태는 모든 사람이 다 경험할 수 있으며, 그 길은 모든 사람이 갈 수 있는 길입니다.

주님의 자녀라면 누구나 하나님을 즐거워하는 경지로 부르심을 받았습니다. 하나님을 즐거워한다는 것은 장차 임할 세상뿐 아니라, 이생에서도 체험할 수 있는 기쁨입니다. 장차 그날에 우리가 처할 상태는 하나님과 연합하여 있는, 영원한 행복의 상태일 것입니다. 우리가 이생에서 받은 부르심도 마찬가지입니다.

거룩한 연합에 대한 염려

이 책을 종결지으면서 몇 가지 사상을 순서대로 정리해 보겠습니다.

저는 지금까지 하나님이 주시는 은사, 즉 선물에 대해서가 아니라 하나님을 즐거워하는 것에 대하여 이야기하였습니다.

은사가 궁극적인 축복의 상태를 구성하는 것은 아닙니다. 은사는 당신의 영혼이나 영을 만족시켜 주지 못합니다. 당신의 영은 너무나도 고귀하고 위대하기 때문에, 그러한 은사를 주시는 분, 하나님이 그 은사와 함께 자신을 주지 않으신다면, 가장 뛰어나고 승화된 은사라 하더라도 당신의 영에게 행복을 가져다줄 수는 없습니다.

사랑하는 독자여, 거룩하신 하나님의 소원은 한 문장으로 표현될 수 있습니다. 즉 하나님은 자신의 이름을 부르는 모든 피조물에게 친히 자신을 완전히 내어 주기를 기뻐하신다는 것입니다. 또한 하나님은 우리의 개인적 능력에 따라 각 사람들에게 자신을 내어 주심으로써 그 소원을 이루실 것입니다.

그러나 애석하게도 인간은 지나치게 뛰어난 피조물입니다! 인간은 하나님께로 이끌려 나가도록 자신을 포기하고 내어 드리려고 하지 않습니다. 인간은 하나님과의 거룩한 연합을 위하여 준비하며 예비하는 것을 정말로 두려워합니다.

마지막으로 한마디만 더 하겠습니다.

분명히 어떤 사람이 다가와서 당신을 하나님과 연합되어 있는 상태로 몰아붙이는 것은 옳지 않다고 말할 것입니다.

저도 그 말에 전적으로 동의합니다.

그러나 저는 이 말을 덧붙이고자 합니다. 아무도 자신을 하나님과의 연합으로 몰아붙일 수는 없다는 것입니다. 아무리 많은 노력을 한다 해도 그것은 불가능한 일입니다. 영혼이 하나님과 연합되는 것은 하나님만이 하시는 일입니다. 그러므로 자신을 하나님과 연합시키려고 노력하는 사람들을 반박하는 것은 부질없는 일입니다. 그러한 연합은 가능하지도 않습니다.

또한 어떤 사람들은 "이런 내용을 듣고, 실제로는 이 경지에 이르지 못하였음에도 불구하고 그 경지에 이르렀다고 주장할 사람들이 있을 것이다."라고 우려할 것입니다.

오, 사랑하는 독자들이여, 배가 고픈 사람이 굶어 죽어 가면서도 자신이 배가 부른 것처럼 믿게 할 수 없는 것과 마찬가지로, 그러한 연합의 상태는 모방되거나 흉내내어질 수는 없습니다.

그가 말하는 어떤 서원, 말, 한숨, 혹은 어떤 표시 등, 그 어떤 것이라도 결국은 그의 진정한 모습을 드러내 보여 줄 것이고, 따라서 그가 배가 부른 것과는 거리가 멀다는 사실을 알게 될 것입니다.

갈구하는 영혼을 위해 할 수 있는 일

우리의 노력으로 하나님과 연합된 상태에 이를 수 없기 때문에 주제넘게 그 어떤 사람들에게라도 그것을 소개시켜 주거나 입문시켜 줄 수 없습니다.

우리가 할 수 있는 일이란 궁극적으로는 그러한 상태로 인도해 주는 길을 가리켜 주는 것뿐입니다. 오, 그렇습니다. 우리가 할 수 있는 또 한 가지가 있습니다. 갈구하는 영혼에게 그 길을 가다가 도중에 중단하지 말라고 간절하게 권고할 수는 있습니다.

(사랑하는 독자여, 도중에 주저앉거나, 초기 단계에 했던 외적인 활동에 집착하지 마십시오. 성경 구절을 따라서 드리는 기도, 주님을 바라보기 등의 활동은 당신에게 어떤 증거가 임하는 순간에 모두 버려야 할 것들입니다.)

다른 사람들을 도와준 경험이 있는 사람은 자신이 다른 그리스도인을 하나님과의 연합의 관계 속으로 데리고 들어갈 수 없다는 사실을 압니다. 그가 할 수 있는 일이란 생명수가 있는 곳을 가르쳐 주고, 또 갈구하는 자들에게 필요한 도움을 주는 것뿐입니다.

물론 이 정도는 할 수 있을 뿐만 아니라 해야만 합니다. 목이 타들어 가는 사람에게 샘이 있는 곳을 가르쳐 주고는 그곳으로 가지 못하도록 묶어 둔다면, 그것은 정말로 잔인한 일입니다.

어떤 사람들은 거룩한 연합에 대해서 언급하면서도 구도자가 그를 묶고 있는 쇠고랑으로부터 자유로워지는 것은 결코 허락하지 않기도 합니다. 이런 일은 실제로 있으며, 그렇게 되면 그 불쌍한 성도는 결국 목이 말라 죽게 됩니다.

그렇다면 다음 사실에 동의해야 합니다. 즉 거룩한 연합이라는 것이 있으며, 그 경지에 도달할 수 있는 길도 있습니다. 그 길에는 시작과 진행 과정 및 도착 지점이 있습니다. 더 나아가서 당신이 최고의 완성 지점에 가까이 나아가게 될수록, 당신이 처음으로 이 길을 시작할 때는 도움이 되었던 것들을 더욱더 많이 제거해 내게 됩니다.

물론 이 길은 출발점으로부터 끝까지, 한 번에 갈 수 없습니다. 중간 공간의 기간이 있습니다. 그러나 최후의 상태가 좋고 거룩하며 꼭 필요하다면, 그리고 또한 입문 단계도 역시 좋았다면 당신은 그 두 지점 사이의 진행 과정도 좋을 것을 확신해도 좋습니다.

오, 학문과 지혜를 자랑하는 인류의 몽매함이여! 오, 저의 하나님이시여. 주님이 이렇게 경이로운 일을 지혜롭고 슬기 있는 자들에게는 숨기시고 어린아이들에게는 나타내셨음이 사실이니이다.

잔느 귀용
Jeanne Guyon

옥중 서신

하나님 외의 모든 것은 아무것도 아니게 하소서

잔느 귀용은 프랑스의 생탕투안의 감옥에 투옥되어 있던 기간에 외부로부터 여러 통의 편지를 받았다. 잔느 귀용은 그 편지들 속에 있던 질문들에 대하여 일부나마 답장을 보낼 수 있도록 허락을 받았다. 귀용 여사가 보냈던 답장 가운데 극히 일부는 지금도 보존되어 있다. 잔느 귀용 여사가 답한 편지들 가운데 하나는 그 즈음 이 책을 읽고 여러 가지 실제적인 질문들을 보내 온 편지에 대한 답장이다. 바로 그 답장이 우리를 위하여 보존되어 있다. 주목할 만한 답신으로부터 발췌한 부분으로 이 책을 마감하는 것은 본서의 목적에 부합하는 일일 것이다.

당신에게 하나님의 자비하심이 나타나셨다는 소식을 들으며, 또한 당신의 영혼이 영적인 체험을 통하여 성장해 나가는 것을 보는 것은 정말로 큰 기쁨입니다. 하나님이 당신 안에서 시작하신 그 일을 끝까지 이루시기를 기도합니다. 저는 당신이 이 일에 끝까지 충실하다면, 하나님이 그렇게 해주실 것이라고 확신합니다.

오, 예수 그리스도께 속한다는 것은 말로 표현할 수 없는 기쁨입니다!

예수 그리스도께 속한다는 것은 이 세상 삶과 분리될 수 없는 모든 고통과 슬픔을 녹여 주는 참된 향유입니다.

이제 실제적인 제안을 몇 가지 말씀드리겠습니다.

성경을 읽다가, 때로는 읽는 것을 잠시 중단하고 하나님을 기다리며 침묵으로 기도하는 일에 전념하십시오. 특별히 당신의 마음에 와 닿는 구절을 읽었을 때에는 꼭 그렇게 하십시오.

성경을 읽을 때에는 거기에 맞는 결과가 생겨나도록 하십시오. 그 구절을 읽을 때 임한, 당신의 내면세계의 느낌을 따르십시오. 그분의 만져 주심에 따르십시오.

이 같은 방법으로 성경을 읽는 것은 당신을 세워 주며, 영혼에 자양분을 공급해 주게 될 것입니다.

그렇습니다. 당신의 속사람, 즉 당신의 영혼과 영도 육체와 마찬가지로 영양분을 필요로 합니다. 당신의 영혼이 영양분을 공급받지 못한다면 영혼의 영적인 상태는 시들어지고 썩어가게 될 것입니다.

육체에 관해서는 당신의 육체에 고통을 주는 고행을 하지 않기 바랍니다. 당신의 연약한 건강이 그것을 허락하지 않을 것입니다. 만일 건강한 육체를 가졌고, 또한 식욕의 지배를 받아왔다면, 저는 아마 달리 권면할 것입니다.

그러나 자아를 죽이는 일에 있어서 제가 당신에게 간절하게 권하는 방법이 있습니다. 당신의 부패한 정과 욕망 중 남아 있는 것이 있다면, 그것이 무엇이든 죽이십시오. 당신 자신의 의지를 극복하십시오. 당신의 기호, 성격, 천성적으로 하고 싶어 하는 마음이 생기는 것들을 극복하십시오.

인내로 참고 견디기를 배우십시오. 하나님은 아마도 당신의 생애 가운데 자주 큰 고통을 보내실 것입니다. 이것은 하나님이 하신 일이며, 하나님이 선택하신 일입니다. 받아들이십시오. 당신에게 일어나는 모든 일, 심지어는 혼란까지도 감내하기를 배우십시오. 그러나 단 한 가지, 하나님에 대한 사랑이라는 동기로 그렇게 하십시오.

부당한 대우를 받거나, 무시를 당하거나, 또는 인생길에서 그 어떤 것이 찾아온다고 하더라도 모두 다 받아들이십시오. 한마디로 당신의 자연적인 삶을 방해하는 모든 것을 언제나 침착하게 감내함으로써 당신 자신의 존재를 극복할 수 있습니다.

그리 유쾌하지 못한 것들이 당신의 인생에 들어올 때, 당신 안에서 일어나는 불쾌한 감정들을 극복하십시오. 그렇게 함으로써 스스로를 그리스도의 고난과 연합시키십시오.

위와 같은 권고는 받아들이기 어려운 것이 사실입니다. 그러나 그렇게 함으로써 당신은 십자가를 높이게 될 것입니다.

당신이 화려하고 매력을 발하는 당신의 모든 것을 철저하게 극복한다면, 당신은 당신의 속에서 십자가 사건을 가장 존귀하게 높이는 것이 됩니다.

그러나 이러한 죽음은 외부적으로 일어나는 것이 아닙니다. 자아를 극복하고 죽이는 것은 내면의 삶 속에서 이루어집니다.

그렇다면 어린아이가 되는 것, 정말로 아무것도 아닌 것이 되기를 배우십시오.

금식을 하는 사람은, 즉 식욕이 그릇되게 요구하는 모든 것으로부터 떠나는 사람은 좋은 일을 하는 것입니다. 그러나 자신의 욕망과 의지로부터 금식하고 하나님의 뜻만을 섭취하는 사람은 더 잘하는 것입니다. 사도 바울이 마음의 할례라고 부르는 것이 바로 이것입니다.

마지막으로, 제가 보기에 당신은 오랜 시간 동안 방해받지 않고 침묵 기도를 드리는 내적 체험에 있어서 아직도 충분한 진전을 이루지는 못한 것 같습니다. 소리 내어 드리는 기도와 침묵 기도를 연결시키는 것이 더 좋으리라고 생각합니다.

다음과 같은 기도를 주님께 드리십시오.

"오, 나의 하나님, 나로 하여금 전적으로 주님의 소유가 되게 하옵소서."
"주님 때문에 주님을 사랑하게 하옵소서. 주님은 무한히 사랑스러운 분이시기 때문입니다."
"오, 나의 하나님, 나의 모든 것이 되시옵소서! 하나님 외의 모든 것은 내게 아무것도 아니게 하옵소서."

이러한 기도를 하나님께 드리십시오. 당신의 마음으로부터 하나님께 드리십시오.

그러나 저는 그러한 표현이 짧은 침묵의 기간을 사이에 두고 따로따로 드려져야 한다고 생각합니다. 이렇게 함으로써 당신에게는 점차적으로 침묵 기도라는 중요한 습관이 생기게 될 것입니다.

가능하다면 성찬식을 자주 거행하십시오. 성찬식에 임재하여 계시는 예수 그리스도는 생명의 떡이십니다. 그분이 당신의 영혼에 자양분을 공급하시며, 당신의 영혼을 살아나게 하실 것입니다.

저는 주님 앞에서 경배를 드릴 때마다 당신을 기억할 것입니다.

주님이 당신의 마음에 자신의 나라를 세우시고, 당신 안에서 다스리며 통치하시기를 기도합니다.

프랑스 생탕투안의 감옥에서
잔느 귀용
Jeanne Guyon

편저자의 글

우리의 영적 깊이를 회복시켜 주소서

잔느 귀용의 『예수 그리스도를 깊이 체험하기』의 역사

이 책은 지금까지 저술된 그 어떤 책보다도 믿기 힘든 역사를 가지고 있다.

이 책은 1685년경 『기도의 방법』(A Method of Prayer)이라는 제목으로 프랑스에서 첫 모습을 드러냈다. 하나님은 이 책이 나오자마자 프랑스 전역에 있는 그리스도인들의 마음을 불러일으키는 데 사용하셨다.

물론 이 책에 대한 즉각적인 반발도 있었다. 당신은 지금 공개적으로 불태워지기도 했던 책을 손에 들고 있는 것이다.

그럼에도 불구하고 이 책의 인기는 언제나 이 책에 대한 반대 못지않았다. 예를 들면 주님이 이 책을 통하여 많은 사람에게 영향을 주시던 곳인 프랑스의 디종이라는 마을에 일단의 로마 가톨릭 사제들이 찾아온 적이 있었다. 이 책과 또한 하나님이 이 책을 통하여 하시던 역사 모두를 반대하던 그 사제단은 집집마다 찾아다니면서 모두 300여 권의 책을 수거하여 불태워 버렸다! 1700년대에 한 마을에서 같은 책이 300여 권이나 발견되었다는 사실은 정말로 놀라운 일이다.

어떤 프랑스인은 이 책을 1,500권이나 가져다가 자신이 살고 있던 지역에 배포하기도 했다. 그 결과 온 마을이 이 책으로부터 아주 깊은 영향을 받게 되었다.

잔느 귀용 여사의 모든 저서 가운데 귀용 여사의 이름이 후세의 기억에 남게 하는 데 가장 크게 기여했던 것은 그녀의 자서전과 이 작은 책이다. 그러나 여사의 생존 당시의 정치 및 종교 세력들이 귀용 여사를 반대하도록 했던 것은, 지금에 와서 『예수 그리스도를 깊이 체험하기』(Experiencing the Depths of Jesus Christ)라는 제목을 갖게 된 바로 이 책이다.

잔느 귀용 여사는 이 책과 함께 『노래 중의 노래』(Song of Songs)라는 책을 저술했는데, 그 책은 귀용 여사가 체포되어야 할 증거물로 루이 14세(Louis XIV)의 손에 제출되기도 했다. 후의 종교 재판에서는 이 두 가지 저서가 귀용 여사를 고발하는 주요 증거물로 제출되기도 했다. 귀용 여사는 이 책으로 인하여 이단으로 정죄되고 결국은 그 악명 높은 바스티유 감옥에 수감되기에 이른다.

잔느 귀용 여사의 생존 당시 이 책의 역사는 이토록 험난했다. 그러나 그것은 시작에 불과했다. 잔느 귀용 여사로부터 영향을 받은 사람들과 운동들에 대해서 언급한다면 여러 권의 책이 될 것이다. 그 중 일부를 언급해 보기로 하겠다.

잔느 귀용 여사가 사망하자마자 곧 초기 퀘이커 교도들이 이 책을 사용하기 시작했고, 아마도 단행본으로서는 다른 어떤 책들보다도 그들의 전체적인 운동에 더 많은 영향을 끼친 것으로 추정된다. 사실 퀘이커 운동은 그들이 이 책을 대하게 되기 100년 이상이나 전에 시작되었음에도 불구하고, 잔느 귀용 여사는 아마도 영적으로 그들의 설립자인 조지 폭스(George Fox)만큼 그들에게 영향을 끼쳤을 것이다.

다음으로 이 책의 영향을 받게 된 사람들은 독일 경건주의 운동을 확산시킨 개혁자 친첸도르프(Nikolaus Ludwig von Zinzendorf)와 모라비아 교도들이다.

한참 후에는 존 웨슬리(John Wesley)가 잔느 귀용 여사의 다른 저서들과 함께 이 책을 읽게 되었고, 이 책으로부터 아주 큰 영향을 받게 된다. 존 웨슬리의 생애에 대한 이 책의 영향은, 부분적으로 그의 깊은 경건 생활과 영적인 깊이를 설명해 주는 단서가 되기도 한다.

1800년대 후반의 '성결 운동'은 성화에 대한 강조와 함께 그 기원을 웨슬리를 거쳐 올라가 이 책과 및 그 저자에게서 찾을 수 있다. 1900년대 초반, 경이로운 능력과 믿을 수 없을 정도로 천박한 것에서 시작된 은사 운동은 성결 운동의 확산과 웨슬리 신학을 믿는 많은 사람들 사이에서 강조되어 온 영적 깊이 개념의 종식을 알리는 신호가 되었다. 사실 은사 운동과 다른 많은 교파들은 더 깊은 그리스도인의 삶을 강조하기보다는 방언과 능력을 부각시켰다!

그 다음으로는 금세기 초 탁월한 영적 인물인 제시 펜-루이스(Jessie Penn-Lewis)가 잔느 귀용 여사의 저서들의 영향을 받았다.

다른 많은 집단과 운동이 잔느 귀용 여사의 저서들의 영향을 받아왔지만, 지금까지 이 책이 미친 가장 큰 영향들 가운데 하나는 1920년대 중국에서였다.

그 당시 이 책이, 하나님이 금세기의 하나님의 종들 가운데 가장 잘 알려질 인물이 되도록 예정해 두신 한 젊은이에게 알려지게 되었다. 이 책이 그 당시 젊은이였던 워치만 니(Watchman Nee)의 손에 들어가게 된 것이다. 이 책은, 잔느 귀용 여사와 함께 그의 생애에 아주 중요한 영향을 미쳤다. 그 결과 이 책은 그의 많은 동역자들의 생애에도 간접적인 영향을 미치게 되었다.

이 외에도 잔느 귀용 여사의 저서들로 인해서 큰 영향을 받은 사람들과 신앙 운동들이 많이 있지만, 이제는 내 말의 요지를 이해했으리라 믿는다.

이 책이 초판 때부터 이해하기가 거의 불가능했었다는 사실을 안다면 이 책이 미친 폭넓은 영향에 대해서 더욱 놀랄 것이다. 프랑스어로 된 원본도 아주 까다로우면서도 모호한 단어를 사용하여, 이 책을 독파한다는 것이 언제나 절망스러운 일일 정도로 모호하고 복잡한 책이다. 영역본도

이 점에 있어서는 별로 도움이 되지 못했다.

이 모든 것에도 불구하고 이 책은 지난 300여 년 동안 다른 어느 책보다도 유명한 그리스도인들에게 많은 영향을 미친 책으로 당신 손에 들려 있다.

당신이 예상하는 것처럼, 결국 이 책은 절판되었다. 50년 동안이나 잊혀졌던 것이다. 내가 아는 한, 이 기간 동안 유통된 책은 매우 초라한 등사본이었다!

만일 내가 잔느 귀용의 글이 어렵다고 너무 과장한다고 생각한다면 다음 문단을 읽어 보기 바란다.

이 여정을 왜 추구해야 하는지 궁금합니까? 지금까지 이 여정의 목표는 영혼으로 하여금 복잡함으로부터 벗어나 복잡함이 없는 감지 가능한 분명한 것으로, 감지 가능한 분명한 것으로부터 감지 불가능한 분명한 것으로, 다음에는 감지 가능한 불분명한 것으로 나아가게 하고자 하는 것인데, 이것은 다른 것보다는 매력이 적은 일반적인 기쁨입니다.

이것은 처음에는 활력이 넘치는 일이며 그 영혼을 지각된 것으로 인도합니다. 지각된 것은 처음 것보다는 더 순수하지만, 그렇게 절묘한 기쁨은 되지 못합니다. 지각된 것은 지각될 수 있는 것으로부터 영적인 것으로 지나면서, 사랑에 의하여 유지되고 역사하는 믿음으로 인도해 줍니다. 천진한 믿음으로 들어가는 이 길로 들어가게 되면, 영적인 것은 우리로 하여금 모든 영적인 체험에 대하여 죽게 할 뿐 아니라, 우리 자신에 대해서도 죽고 온전히 하나님께로 인계되어, 그 순간부터는 우리가 하나님의 생명으로만 살게 되는 것입니다.

이제 잔느 귀용 여사의 글 중 아주 전형적인 문장들을 읽었으므로, 위의 문단보다 의미가 좀 더 애매모호한 몇몇 부분에 나오는 단어를 바꾸었다는 사실을 너무 안 좋게 생각하지 말기 바란다. 그렇게 하지 않았다면 이 책을 다시 발간할 이유가 별로 없었을 것이다.

그리스도인의 더 깊은 삶, 즉 체험에 대하여 저술된 정말로 유익한 기독교 문헌은 대부분 1500년 이후와 1800년 이전에 기록되었다. (그 이전이나 이후에는 항구적 영향을 주는 저서들이 별로 저술되지 않았던 것 같다.)

불행하게도 그리스도인의 더 깊은 삶과 체험에 관한 최고로 훌륭한 기독교 문헌들 중 일부는 이해하기 어려운 다른 시대의 언어 속에 갇혀 있는 실정이다. 그런 모든 문헌들 중 가장 훌륭하며 또한 가장 읽기 어려운 문헌에 속하는 것이 바로 잔느 귀용 여사의 저서들이다.

이 책의 1장에서 4장까지 잔느 귀용 여사는 '성경으로 기도하기'라는 독특한 방법을 소개했다. 당신은 이것이 아주 경이로운 체험임을 발견하게 될 것이다.

최근 수년 동안 귀용 여사의 방법을 응용한 여러 방법이 있었지만, 당신은 이 책을 읽으면서 잔느 귀용 여사는 그 누구라도 그러한 단계에서 중단하는 것을 원하지 않았다는 사실을 발견하게 될 것이다. 귀용 여사는 당신이 발견해야 할 것보다 훨씬 더 넓은 대양(大洋)들을 가지고 있었으며, 따라서 당신이 그러한 얕은 여울에 머물러 있는 것은 결코 원하지 않았다.

하나님이 합당하게 여기신다면, 현대 영어로 기록된 그녀의 다른 저서들도 읽어 보기 바란다. 이제 그 이유를 설명하기로 해보자.

이 시대 교회의 영적 체험 상태

1세기 말 이래로 그 어떤 세기도 영적인 깊이의 문제에 있어서 그때를 능가했던 적은 없다. 사실 그 이후로는 매우 천박하여, 대부분 열두어 명 정도의 소수의 빛나는 빛들이 어둠을 밝혀 왔다.

당신과 내가 살고 있는 이 시대는 분명히 바리새인들의 시대 이후로 가장 성경 중심적인 세대이다. 동시에 이 시대는 다른 어떤 시대보다 영적인 깊이에 대해서 강조하지 않는 시대이기도 하다. (오늘날에는 이러한 사실을 지적하면, 앞선 시대의 사람들과 마찬가지로 당황해 한다.)

그러나 그것이 우리 세대가 세운 유일한 기록은 아니다. 우리는 모든 면에서 신기록을 세우고 있다.

예를 들면, 오늘날까지는 1500년대가 교회사에서 재정적으로 가장 타락한 시대라는 것이 일반적인 사실이었다. 그 당시에는 돈으로 하나님의 기록 장부에 있는 당신의 죄를 지워 없앨 수 있었다.

오늘날에는 그렇게까지는 하지 않는다. 그러나 우편물 대량 발송, 비지니스용 회신 봉투, 컬러 브로슈어, 재단, 전문적 모금 활동, '믿음으로 살기'(living by faith, 일종의 구걸 혹은 걸식 행사 및 이와 비슷한 취지의 '경건 생활' 활동 – 역자 주), 면세, 청지기도에 관한 설교 등을 통하여 많은 복음 사역자가 35세 정도에 이르면 최고의 운동가이자 모금가가 된다.

지성주의 혹은 지성제일주의도 마찬가지이다. 일반적으로 1700년대를 기독교 신앙에 있어서 지성주의의 최고 수위를 기록한 연대로 본다.

그러나 오늘날에는 그 어떤 시대보다도 신학박사 학위를 가진 사람들이 지구상에 더 많이 돌아다니고 있다. 이들은 지성주의적 분위기가 만들어 낸 영적 깊이에 만족하지 못하고, 문제의 해결책이 좀 더 많고, 질 좋고, 높은 기독교 교육에 있다고 부르짖고 있다. 이 시대는 많은 주제에 대하여 끝없이 많은 책과 논문이 나오는 시대이며, 기도론에 대해서는 놀라운 강의들을 하면서도 더 깊은 기도 생활, 즉 체험에 대해서는 아는 것이라고는 거의 없는 사람들을 만들어 내는 시대이다.

일반적으로 이 시대는 결코 그리스도를 깊이 알지 못하고 있다. 세련되고 냉소적이며 메마르고 열정도 없는 우리는 1700년대로부터 교회사에서 '가장 지성적'이라는 트로피를 빼앗아 온 것이다.

일반적으로 1100년부터 1400년까지는 교회사에서 가장 어둡고 부패한 시대, 즉 교황이 최고 명령자가 되고, 교회는 세상에서 가장 강력한 정치 및 경제 세력으로 군림하던 시대였다.

그러나 우리는 교회들이 이야기책에 나오는 성같이 보이는 시대에 살고 있다. 오늘날의 하나님의 종들은 자신의 전 생애를 통하여 아무것도 소유하지 않는다는 1세기의 일꾼들의 사상을 극단적인 것으로 보고 있는 것은 아닌지 모르겠다. 그들은 지역 사회에서 당연히 원수가 되고, 전 생애를 통하여 등에 걸친 의복 외에는 아무것도 소유하지 않고 살 특권을 위해 싸웠으며 극빈자처럼 죽는 것을 기뻐하던 교부들, 즉 초대 기독교인들과는 너무나 다르다.

우리들 가운데 이 시대에서 전임 사역자로 주님을 섬기는 사람들은, 전체 종교 역사 가운데서 전반적으로 가장 부유하며, 가장 사리에 밝고 세련되고, 세상적인 마음을 가지고 있으며, 물질적이고 안락한 삶을 누리는 사람들로 기억될 준비를 해야 할 것이다.

무엇보다도 급진적인 변화가 일어나지 않는다면 이 시대가 얻게 될 트로피가 하나 더 있다. 교회사의 모든 시대마다 경이로울 정도로 영적인 깊이가 있으며, 철저한 경건 생활로 자아를 포기하고 하나님께 맡겨 드린 것으로 인정받는 몇몇 사람의 이름들이 기록되어 있다. 어두운 세대가 지금까지 목격해 온 가장 황폐한 시기에도 그러한 사람들이 존재했었다. 모든 시대마다 언제나 주님을 깊이 알았던 최소한의 사람들이 존재해 왔다.

우리가 사는 시대에는 그러한 증거 없이 지나가게 될 것인가? 순수하게 역사적인 견지에서 볼 때 우리는 교회사의 전 장에 걸쳐서 전 세계적으로 가장 깊이 없는 그리스도인으로 구분될 것임에 틀림없다.

루터 이전의 어두웠던 시대보다 더 부패해 있고, 칼빈주의가 한창이던 시기보다도 더 무능하게 지성주의적이며, 세례 요한으로 하여금 분노하게 했던 시대보다도 경제적으로는 더 타락해 있으며, 어떤 시대보다도 영적인 권능을 사모하는 욕심에는 더 취해 있으면서도 사울 왕 이래로 그 누구보다도 내적인 변화 없이 외적인 권세만을 더 휘두르고 있고, 은사를 주시는 분은 거의 알지도 못하면서 은사에는 더욱 집착하는 우리 시대는, 하나님의 이름을 자기의 것이라고 주장해 온 사람들 가운데서, 가장 사리에 밝고, 물질주의적이며, 변덕을 따르는 사람들을 만들어 내고 있다.

이러한 평가가 다소 심하다고 생각하는가? 그렇다면 나는 이 시대가 타게 될지도 모르는 마지막 트로피를 하나 더 지적함으로써 당신에게 대답하고자 한다. 우리가 자신의 영적인 깊이의 결여에 대해서 보지 못하는 것이, 다른 모든 시대를 다 합해 놓았을 때보다 더 심하다.

우리가 과거의 모든 시대를 다 합해 놓았을 때보다 더 많은 건물과 종교 기관을 세워 놓은 것이 사실이다. 또한 오늘날의 기독교가 다른 모든 시대를 합해 놓은 것보다 더 많은 사람을 그리스도께 인도한 것도 사실이다.

그러나 오늘날의 기독교에서는, 그러한 회심자들이 모든 것을 다 버리고 전심으로 주님을 따르는 기간이 짧다는 것으로도, 새로운 기록을 세우고 있다는 것 또한 사실이다.

이러한 과거의 교회사를 되짚어 볼 때, 이제 우리는 낙관적인 태도로 상황이 반전되기를 기대할 수 있을 것이다. 영적인 깊이는 곧 회복될 것이다! 나는 우리의 관심을 끌며, 우리의 완악한 마음을 녹여 주고, 그리스도의 깊이를 체험하는 자리로 우리를 인도해 주는 일에 이 작은 책을 저술한 귀용 여사보다 더 적합한 사람은 없다고 생각한다.

하나님이, 영적으로 깊이가 없는 이 같은 시대에, 우리를 그와 같이 축복해 주기를 기뻐하시기를 기도한다.

이 책이 맞이할 미래

그리스도인들 가운데는 경건 서적이라고 하면 인쇄소에서 나오자마자 문자 그대로 게걸스럽게 삼켜 버리는 독자들이 아주 많다. 나는 많은 그리스도인이 이 책을 단지 그들이 읽고 묵상하고 며칠간 적용해 보다가 치워 버릴, 또 한 권의 경건 서적으로 여길 뿐이라는 사실도 염두에 두고 있다. 또한 이 책의 내용을 기도에 관한 일련의 연속 설교로 바꿀 사람도 있을 것이다.

그러나 이와 같이 혁명적인 책은, 그보다는 더 나은 운명을 맞을 만한 가치가 있다.

이 책의 독특한 특성과, 저자의 영적인 깊이를 깨닫게 될 독자들도 있다. 이들은 이 책이 지시하는 길을 따라가서, 내적으로 위대한 체험을 깊이 하게 될 그리스도인들이다.

그러한 독자들 앞에는 가장 놀랍고 소중하며, 전혀 기대하지 못했던 발견이 기다리고 있을 것이다. 그것은 바로 예수 그리스도를 만남으로써만 발견되는, 다함이 없는 풍요로움이다.

만일 당신이 이러한 범주에 속해 있다면, 나는 당신에게 한 가지 우려되는 사실을 말해 주고 싶다. 나는, 주님은 그리스도인들이 다른 사람들과는 동떨어져서 개인적인 차원에서 자기만 축복을 받으며, '그리스도 안에 깊이' 들어가는 일에서는 벗어나기를 무척이나 원하실 것이라고 생각한다.

나는, 우리 그리스도인들이 영적인 구두쇠처럼, 집에 앉아서 그리스도와의 깊은 경험을 하며 쌓아 두기만 하는 단계는 빨리 벗어 버리고 좀 더 깊이 있는 그리스도인의 삶의 체험을 공동체적인 일로 여기는 방향으로 나아가기를 바란다.

그것은 우리로 하여금 또 다른 범주의 그리스도인이 되게 해줄 것이다. 또한 이 책이 출간된 것이 일차적으로는 바로 당신을 위한 것이라는 사실을 기억하라. 또한 나는 누구보다도 당신이 이 책의 내용을 붙잡고, 그 모든 내용이 실제가 될 때까지 놓지 말기를 바란다.

이 말을 들을 대상은 누구인가?

그것은 교회의 생명력이라는 엄청난, 그러나 극도로 모험적인 일을 시작하고자 하는 마음을 가진 사람들이다.

이제 이 문제에 대해서 설명해 보겠다.

냉소적이고 메마르며 열정 없는 이 시대의 논점

언젠가 한번은 잔느 귀용 여사가 하나님은 시대마다 영적인 논점을 일으키신다는 말을 한 적이 있다. 바울 당시에는 그것이 '행위와 믿음'이었다. 그 이래로 모든 시대는 각 시대마다 논쟁이 될 만한 주제가 대두되었고, 하나님은 콘스탄티누스 대제(Constantinus I) 이후의 모든 시대에서는 상실된 초대 교회의 소중한 체험들을 회복시켜 오고 계신다.

잔느 귀용 여사가 살았던 시기에는 하나님이, 우리 안에 내주하시는 그리스도에 대한 문제를 큰 논점으로 일으키시는 일에 귀용 여사를 사용하셨다. 주님은 당신 안에 계시며, 즉 내면세계로부터 밖으로 역사해 나가시며, 당신은 주님이 자신의 거처로 삼으신 내면의 골방에 거함으로써 주님을 알며 체험할 수 있다는 것이다. (이 문제는 오늘날에도 여전히 좋은 논점으로 부각될 것이다.) 귀용 여사는 '내면의 그리스도'(the interior Christ)라는 논점을 등장시켰다.

그러나 하나님은 그 논점을 등장시키는 것을 17세기로 끝내지 않으셨다. 하나님은 또 다른 논점들을 등장시키고 계신다. 그분은 회복시키는 하나님이시다.

우리 시대에는 영적인 논점이 될 만한 문제가 없는가?

만일 그럴 만한 것이 없다면, 반드시 있어야만 할 것이다! 만일 오늘날 수천의 사람들이 실질적이며 변화를 일으킬 정도로 예수 그리스도를 더 깊이 체험해 나가기 시작한다면, 그들의 그러한 체험을 개신교든 가톨릭이든 오늘날의 기독교의 의전(儀典)에 맞출 수 있는 여지는 없을 것이다.

기독교나 가톨릭 가운데 어떤 운동도, 영적으로 깊이 있게 살아가는 다수의 헌신된 사람들을 수용할 수 있는 구조가 지금은 이루어져 있지 않다. 달리 표현하면 그 두 운동은 모두가 다른 것들을 강조하는 구조로 되어 있는데, 그것은 속성상 하나님께 쏟아 부어 드려야 할 제한 없는 사랑의 급류를 가로막는 구조이다. 현재의 개신교나 가톨릭의 요소와 핵심, 구성 및 구도는 살아 계신 하나님과의 깊은 만남을 좌절시키고 있다.

열정을 가지고 그리스도를 사랑하며, 전적으로 주님께 자아를 포기하고 맡겨 드리며, 주님을 잘 알고, 또한 세상에서 주님밖에는 아무것도 알지 아니하는 사람들에 대하여 생각할 때, 당신은 일요일에 한 번 드리는 교회의 예배가 머리에 떠오르는가? 내가 지금까지 언급해 온 사람들은 주요 기독교 교단들의 구조화된 틀에는 들어맞을 수가 없다.

그리스도를 깊이 체험해 나가는 일의 회복은, 자연히 때때로 '교회 생활'이라고 불리기도 하는, 말로는 표현할 수 없는 어떤 것을 사모하는 마음이 생기게 하는 것이다.

'교회 생활'이란 무엇인가? 그것에 대하여 어떠한 정의를 내려야 하는지 모르겠지만, 그것은 영광스럽고, 깜짝 놀랄 만하며, 모든 것을 다 태워 버리는 듯한 교회, 당신의 삶의 관심을 모두 사로잡고, 그것을 어떤 다른 것에도 빼앗기지 않으려는 듯한 교회, 자석과 같이 당기는 힘이 있으며, 당신의 존재의 모든 순간을 다 요구하는 교회, 즉 살아 있으며 자유로운 교회, 날아다닐 듯한 날개가 달린 교회인 것이다.

그것은 장소가 아니라 사람들, 즉 언제나 하나님으로 그 마음이 불붙어 있고 다른 모든 것에 대해서는 눈이 닫혀 있는, 천상의 삶을 사는 사람들이다. 한때 그랬던 것처럼, 교회는 이 같은 모습이어야 하고, 그러한 모습을 가질 수 있으며, 또한 그렇게 될 것이다. 교회는 열정적이고, 늘 사랑을 구하며, 주님이시며 애인이 되시는 분과 미친 듯한 사랑에 빠져 있는 신부의 모습인 것이다. 교회는 주님을 알고 체험하는 사람들이다.

사랑하는 독자들이여, 이것을 생각하라. 예수 그리스도께서 당신을 사랑하신다. 그분이 당신을 구원하셨다. 그것이 바로 당신이 이 책을 읽고 있는 한 가지 이유이다. 즉 주님을 더 잘 알기 위해서이다. 개인으로서 당신은 주님을 알게 되기를 소원한다. 그러나 하나님은 당신이 전적으로 한 개인으로서만 주님을 구하도록 하지는 않으셨다.

신약성경의 절반 이상이 개인들이 아니라 교회들을 대상으로 기록된 것임을 기억하기 바란다! 주님의 전기 네 편, 즉 복음서를 제외한 거의 모든 신약성경은 교회들, 즉 활력적이며 자유롭고 속박되어 있지 않은 교회들, 각자의 삶을 나누며 서로를 또한 주님을 말로 표현할 수 없을 정도로 사랑하는 사람들의 집에서 모이는 교회들을 대상으로 하고 있는 것이다.

이러한 교회들은 정말로 믿을 수 없을 정도로 놀라운 교회이다. 그러나 그것은 그들이 문제가 없다거나, 도덕적으로 완전해서가 아니라, 공동체적으로 날마다 예수 그리스도를 따르고 경험하는 삶과 함께, 날마다 그리고 언제나 주님을 알아 가는 것을 온전히 기뻐하는 그들의 모습 때문이다.

이런 것이 한 시대의 논점이 되기를 기도한다! 그렇다. 바로 교회라고 불리는 아름다운 것이 누렸던 체험의 회복이 바로 시대의 논점이 되기를 바란다.

당신과 내가 예수 그리스도의 무한한 깊이를 헤아려 본다면 우리에게는 다른 대안이 없다. 결국 우리는 교회의 생명이라는 문제로 나아가게 될 것이기 때문이다. 하나님의 궁극적인 목적은 당신이 부자가 되고 행복해지거나, 혹은 당신이 아주 근사한 경건 생활을 하게 되거나, 또는 당신이 생각해 낼 수 있는 천여 가지의 다른 것들이 아니다.

성경을 다시 읽어 보라. 성경의 열정의 대상, 중심은 그리스도와 교회이다. 당신과 내가 교회의 살아 있는 체험에 대해서 알지 못한다면, 우리는 그리스도를 알 수 없다.

살아 계시는 그리스도가 없다면 당신은 구원을 소유할 수 없다. 그리스도에 대한 살아 있는 체험과, 또한 내적으로 교회 생활을 체험하는 살아 있는 생활이 없이는 더 깊은 그리스도인의 삶이라는 목적을 이룰 수 없다.

하나님은 자신의 웅대하신 계획을 그리스도와 교회를 중심으로 세우셨다. 하나님은 바로 그러한 계획을 우주의 특징으로 삼으셨다. 당신이 원한다면 그러한 계획에 대항하여 싸울 수는 있지만 그것을 좌절시킬 수는 없다.

하나님은 그리스도와 교회를 중심으로 삼으셨다. 이 사실이 바로 우주의 혈류(血流)이다. 당신이 다른 구도를 만들려고 시도해 볼 수는 있겠지만 소용없을 것이다. 그것은 하나님의 계획을 거스르는 일이다. 그리스도와 교회는 하나님의 모든 구도의 전체적인 요약이다. 온 우주는 그러한 방향으로 흐르고 있다. 그 외에 어떤 다른 방향이 있다면 그것은 역류인 것이다.

당신에게는 그리스도가 필요하다. 당신의 생각 속에서가 아니라 모든 것을 다 불태워 버릴 듯한 만남이 있어야 한다. 당신에게는 교회가 필요하다. 단지 건물이 아니라, 당신의 모든 날과 생애를 넘어서도 존재하는 교회가 필요하다.

그러므로 사랑하는 독자들이여, 이 책은 하나님의 모든 백성들을 대상으로 하고 있지만, 특히 교회의 생명이라는 정황 속에서 말하는 영적인 깊이를 체험하고자 하는 사람들을 위한 것이다. 교회 생활이라는 영역 속에 자신을 둔 그리스도인만이 그리스도의 충만한 깊이를 알게 된다. 주님은 자신의 충만함이, 교회 생활 속에서만 알려지도록 하는 원리로 우주를 창조하신 것 같다.

구약성경은 그리스도에 관한 모든 것을 다 이야기했지만, 그 당시 사람들은 거기서 그리스도를 보지 못했다. 하나님은 그러한 분이시다. 하나님은 자신의 최고의 계시를 살짝 숨겨 두신다. 그 이유는 무엇인가?

그것은 사람들로 하여금 그것을 짓밟지 못하게 하기 위해서이다.

그러나 그러던 어느 날 그리스도께서 오셨다. 하나님이 갑자기 그 베일을 걷어 올리신 것이다. 이제 사람들은 구약으로 돌아가서 구약 전체를 통하여 그리스도를 아주 쉽게 볼 수 있게 되었다!

그러나 하나님은 구약에 덮여 있던 베일을 걷어 올리신 것과 동시에 다른 일도 하셨다. 신약 위에 베일을 덮으신 것이다. 그리스도께서 세상에 살아 계시는 동안에도 그리스도의 말씀을 들은 사람들이 그분의 말씀의 모든 의미를 다 알아 들은 것이 아니었다. 그리스도는 소수의 제자들을 제외한 모든 사람에게 다 감추어진 분이셨다. 심지어는 주님의 제자들까지도 자신들의 주님이 성령으로 그들 속으로 들어오시기 전에는 주님을 온전하게 알지 못했던 것이다.

콘스탄티누스 대제(주후 325년) 이후에는 하나님의 원래의 목표들 가운데 많은 것이 상실되었다. 종교 개혁과 루터 이래로 그렇게 잊혀졌던 것들이 회복되어 가고 있기는 하지만, 하나님은 여전히 세상에서 자신의 현재의 일을 감추시는 원칙을 지속시켜 나가신다.

하나님은 자신이 친히 회복시키신 마지막 것에 대해서는 덮여 있던 베일을 올리시지만, 가장 새로운 활동에 대해서는 베일로 덮으신다. 하나님이 이렇게 하시는 것은 친히 소중히 여기시는 것이 싼 값으로 처리되는 것을 막으시기 위함이다.

예를 들면 우리는 오늘날의 모든 복음주의 및 근본주의 진영의 교리들의 80%가 1800년대 초 플리머스 형제단 운동으로부터 나왔다고 알고 있다. 이것은 역사적으로 정립된 사실로 여겨진다. 그러나 당신이 1800년대 초에 살았다면 그 당시의 신학자들에게 그러한 사실을 믿도록 설득할 수는 결코 없었을 것이다!

기독교의 큰 흐름이 형제단의 책들을 읽기 시작했고, 결국에 그 안에 신학적인 풍요로움이 있다는 사실을 깨닫게 된 것은 1800년대 중반부터였다. 그 즉시 목회자들은 형제단의 저서들의 내용을 기초로 하는 설교들을 준비하기 시작했다. 주일 오전 예배에 참석한 회중들은 아주 깊은 감동을 받았다. 그러나 교회의 구조는 형제단이 말하는 모든 것을 다 받아들일 수 없었다. 그들이 가르쳤던 내용들은 교회의 구조에 맞추기 위하여 희석되어야만 했다. 그 문제는 쉽게 해결되었다. 사람들은 너무나 쉽게 주요 핵심들을 간과해 버렸다.

이제 당신은 하나님이 자신의 일을 거의 한 세대 동안 형제단 내에 감추어 두셨던 이유를 알게 되었다.

그러나 어쨌든 하나님이 형제단의 저서들을 대중에게 부각되도록 하신 이유는 무엇인가? 주님은 무엇 때문에 그들의 놀라운 통찰력과 경험이 일반화되며 희석되는 것을 허락하셨을까? 형제단의 메시지가 주일 오전 예배를 위한 훌륭한 설교 자료가 되었을 때부터 교회사에 대한 형제단의 공헌은 끝나기 시작하는 것 같아 보인다.

그 이유는 무엇인가? 그것은 주님이 계속하여 계시의 역사를 진행시켜 나가시기 때문이다. 하나님은 그 형제단을 과거의 역사하심 가운데 하나로 남겨 두시고 계속하여 자신의 일을 진행해 나가셨다. 하나님은 다른 곳에서도 계속해서 회복의 역사, 더 깊은 사역, 완전히 드러나 보이지 않는 사역을 해 나가셨던 것이다.

그 이래로 주님은 여러 가지 기독교 운동들을 통하여 역사를 일으켜 나가신다. 어떤 세대에는 숨겨져 있던 것들이 다른 세대에서는 주일 오전 예배의 설교 내용으로 사용되어진다. 그러면 주님은 자신의 역사를 계속 진행해 나가셔서 자신의 또 다른 새로운 역사에 대하여 또 다시 첫 번째 통찰력을 주신다. 그러고는 그 계시에 더하여 나가시고, 그들에게 발견되고, 경험되며, 회복시킬 수 있는 전체적으로 새로운 영역을 제시해 주신다.

오늘날 전 세계의 목회자들은, 지난 세대에는 잘 드러나지 않고 극히 일부 그룹들에게만 계시되었던 것들을 선포하고 있다. (오늘날 전 세계의 목회자들은 그들이 절대적으로 모르고 경험해 보지도 못한 것들에 대해서도 깜짝 놀랄 만한 메시지를 전하기도 한다. 본질적으로는 그들이 책에서 읽은 내용들을 반복하고 있는 것이다. 그런데도 예배실에 앉아 있는 사람들은 매우 감동을 받는다. 물론 거기에는 살을 베는 듯한 날카로움이 빠져 있다.)

슬퍼하거나 울지 말라. 오늘날도 세상 어딘가에서는 우리 하나님이 더 높은 계시를 주시며, 새로운 회복의 단계를 역사해 나가고 계신다!

그러면 그것이 이 책과 도대체 무슨 상관이 있는가?

바로 그것이다. 이 책의 내용은 거의 300여 년 동안이나 일반 독자들로부터 숨겨져 있었다. 그 이유는 무엇인가? 나는 아마도 이 책이 그리스도를 체험하는 것에 관한 비밀에 대하여 지금까지 기록된 가장 고귀한 통찰력과 가장 깊은 계시의 내용을 포함하고 있기 때문일 것이라고 생각한다. 그러나 하나님은 이 책이 기록된 원래의 언어가 분명하지 못했기 때문에 300여 년 동안이나 부분적으로는 눈에 띄지 않게 역사하셨던 것이다.

그것은 이 책과 이 책의 저자에 대한 특별한 찬사이다! 마치 하나님이 이 책의 뒤를 이을 더 깊고, 더 풍부한 책이 없기 때문에 이 책이 일반인에게 공개되기까지, 거의 300여 년 동안을 기다려 오신 것 같아 보인다.

드디어 이 책이 출간되었다. 서적으로서는 이 책에 비교될 만한 것은 별로 없을 것이다. 그러나 다른 어떤 곳에서는 하나님이 자신의 또 다른 사역을 전개해 나가고 계신다!

하나님의 아들을 경험하는 것에 대한 하나님의 계시가 이 책으로 인하여 한 번 더 넓어지고, 새로운 영역들이 열리게 되었다. 아직도 이 책과 비슷한 것은 없지만, 이 책에 기록된 것으로 하나님이 그 역사를 중지하고 쉬시는 것은 아니다. 하나님은 어디선가 더 멀리, 그리고 더 높이 나가시기 위하여 준비하고 계신다.

이 책을 가장 잘 사용하는 방법

이 책을 가장 잘 사용하는 방법은 무엇인가? 그것은 시간을 아주 많이 투자하는 것이다. 한마디 더 한다면 앞으로 수년 후에도 나는 당신이 여러 번 반복하여 이 책으로 돌아오기를 권할 것이다.

당신이 그리스도 안에서 성숙해질수록 이 책이 당신에게 주는 메시지는 점점 더 늘어나게 될 것이다. 이 책의 메시지는 20세 때에는 당신을 사로잡게 될 것이고, 30세 때에는 당신의 마음을 뒤흔들어 놓게 될 것이며, 40세 때에는 당신을 무너뜨릴 것이고, 그 후에도 당신을 그리스도 안으로 더 깊이 들어오도록 부를 것이다.

이 책을 여러 번 반복해서 읽으라.

이 책이 처음 내 손에 들어왔을 때에는 등사하여 제본된 매우 초라한 모습이었다. 그와 같이 간단한 판본을 내면서도 그렇게 하는 사람들마다 모두 머리말을 첨부했다.

나는 지금도 그 등사본의 시작 부분의 요점을 기억하고 있다. 나는 이 후기를 그 내용을 인용하는 것으로 마치려고 한다. 그것은 대략 다음과 같다.

이 책이 당신에게 굴러 들어오게 되었다는 것은 하나님이 당신 마음에 특별한 역사를 일으키길 원하신다는 사실을 암시한다.

사명선언문

너희가 흠이 없고 순전하여……세상에서 그들 가운데 빛들로
나타내며 생명의 말씀을 밝혀 _ 빌 2:15-16

1. 생명을 담겠습니다
만드는 책에 주님 주신 생명을 담겠습니다.
그 책으로 복음을 선포하겠습니다.

2. 말씀을 밝히겠습니다
생명의 근본은 말씀입니다.
말씀을 밝혀 성도와 교회의 성장을 돕겠습니다.

3. 빛이 되겠습니다
시대와 영혼의 어두움을 밝혀 주님 앞으로 이끄는
빛이 되는 책을 만들겠습니다.

4. 순전히 행하겠습니다
책을 만들고 전하는 일과 경영하는 일에 부끄러움이 없는
정직함으로 행하겠습니다.

5. 끝까지 전파하겠습니다
모든 사람에게, 땅 끝까지, 주님 오시는 그날까지
복음을 전하는 사명을 다하겠습니다.

서점 안내

광화문점	서울시 종로구 새문안로 69 구세군회관 1층 02)737-2288 / 02)737-4623(F)
강남점	서울시 서초구 신반포로 177 반포쇼핑타운 3동 2층 02)595-1211 / 02)595-3549(F)
구로점	서울시 동작구 시흥대로 602, 3층 302호 02)858-8744 / 02)838-0653(F)
노원점	서울시 노원구 동일로 1366 삼봉빌딩 지하 1층 02)938-7979 / 02)3391-6169(F)
일산점	경기도 고양시 일산서구 중앙로 1391 레이크타운 지하 1층 031)916-8787 / 031)916-8788(F)
의정부점	경기도 의정부시 청사로47번길 12 성산타워 3층 031)845-0600 / 031)852-6930(F)
인터넷서점	www.lifebook.co.kr